中国旅游统计年鉴

THE YEARBOOK OF CHINA TOURISM STATISTICS

2004

中华人民共和国国家旅游局
NATIONAL TOURISM ADMINISTRATION OF
THE PEOPLE'S REPUBLIC OF CHINA

中国旅游统计年鉴编辑委员会名单

LIST OF EDITORIAL BOARD OF THE YEARBOOK OF CHINA TOURISM STATISTICS

1980～2003 年入境旅游人数和国际旅游(外汇)收入

ANNUAL VISITOR ARRIVALS AND TOURISM RECEIPTS1980－2003

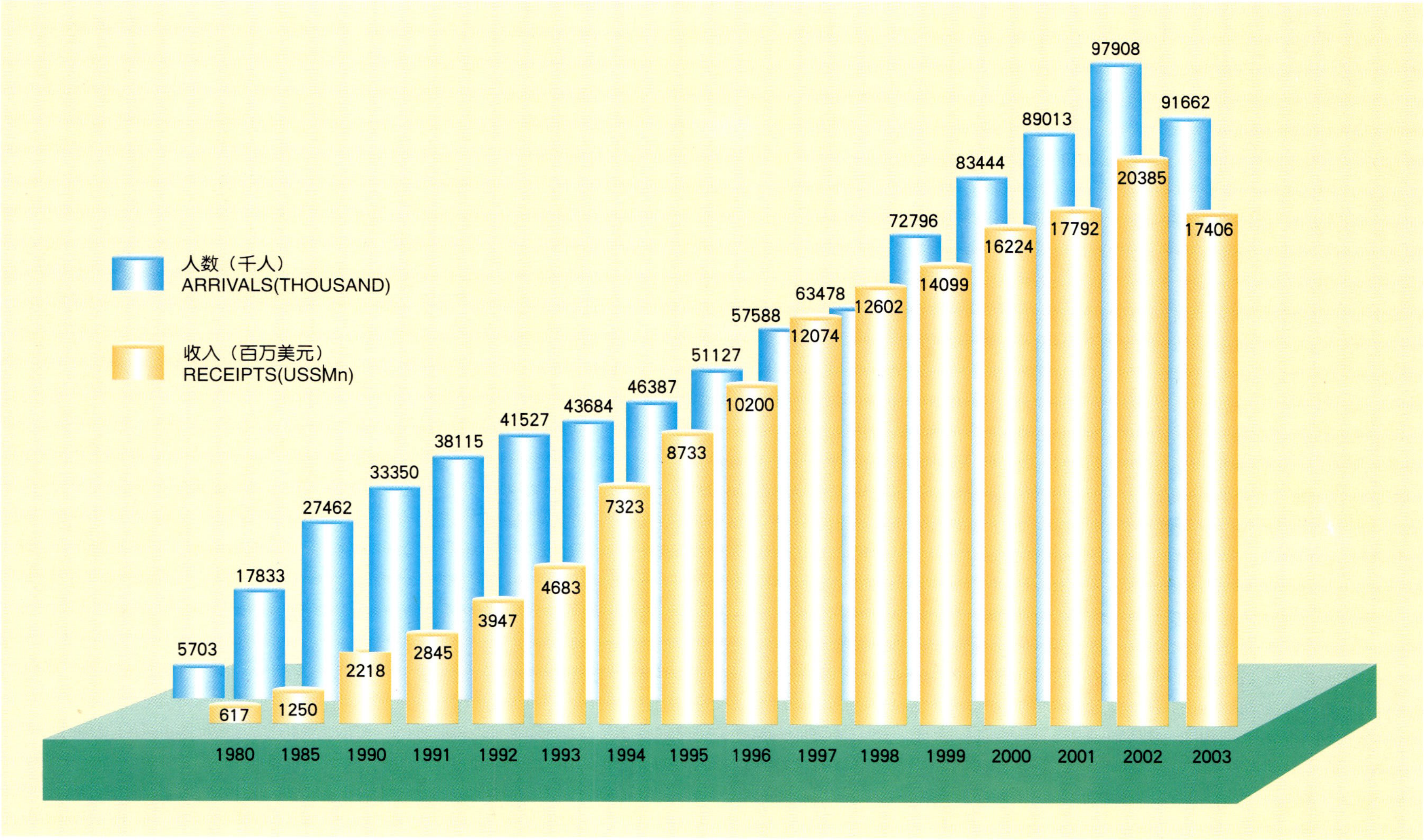

1980～2003年入境旅游人数和国际旅游（外汇）收入增长速度

ANNUAL INCREASING RATES OF VISITOR ARRIVALS AND TOURISM RECEIPTS 1980–2003

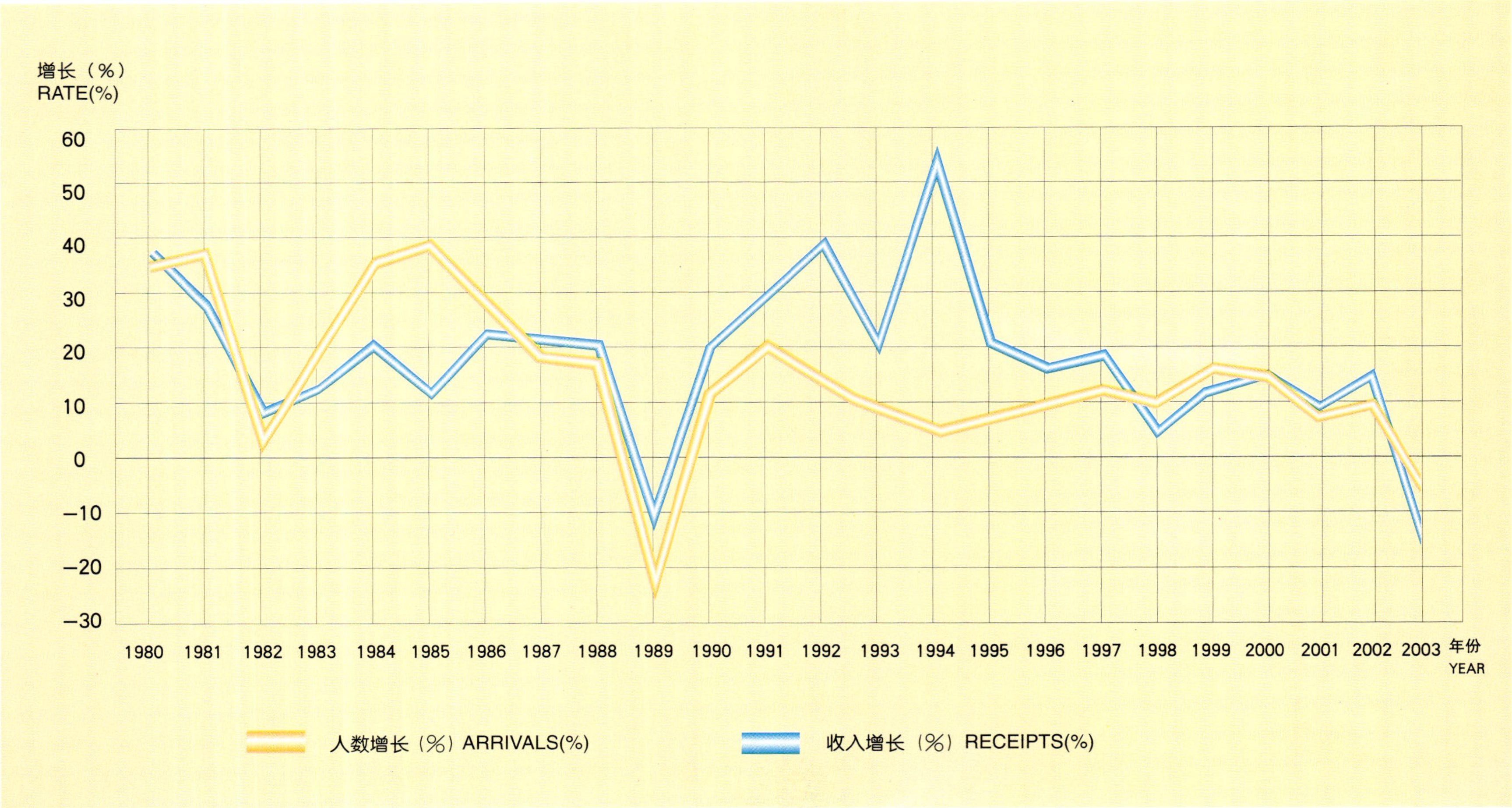

1995～2003 年旅游业总收入

TOTAL INCOME OF CHINA'S TOURISM INDUSTRY 1995–2003

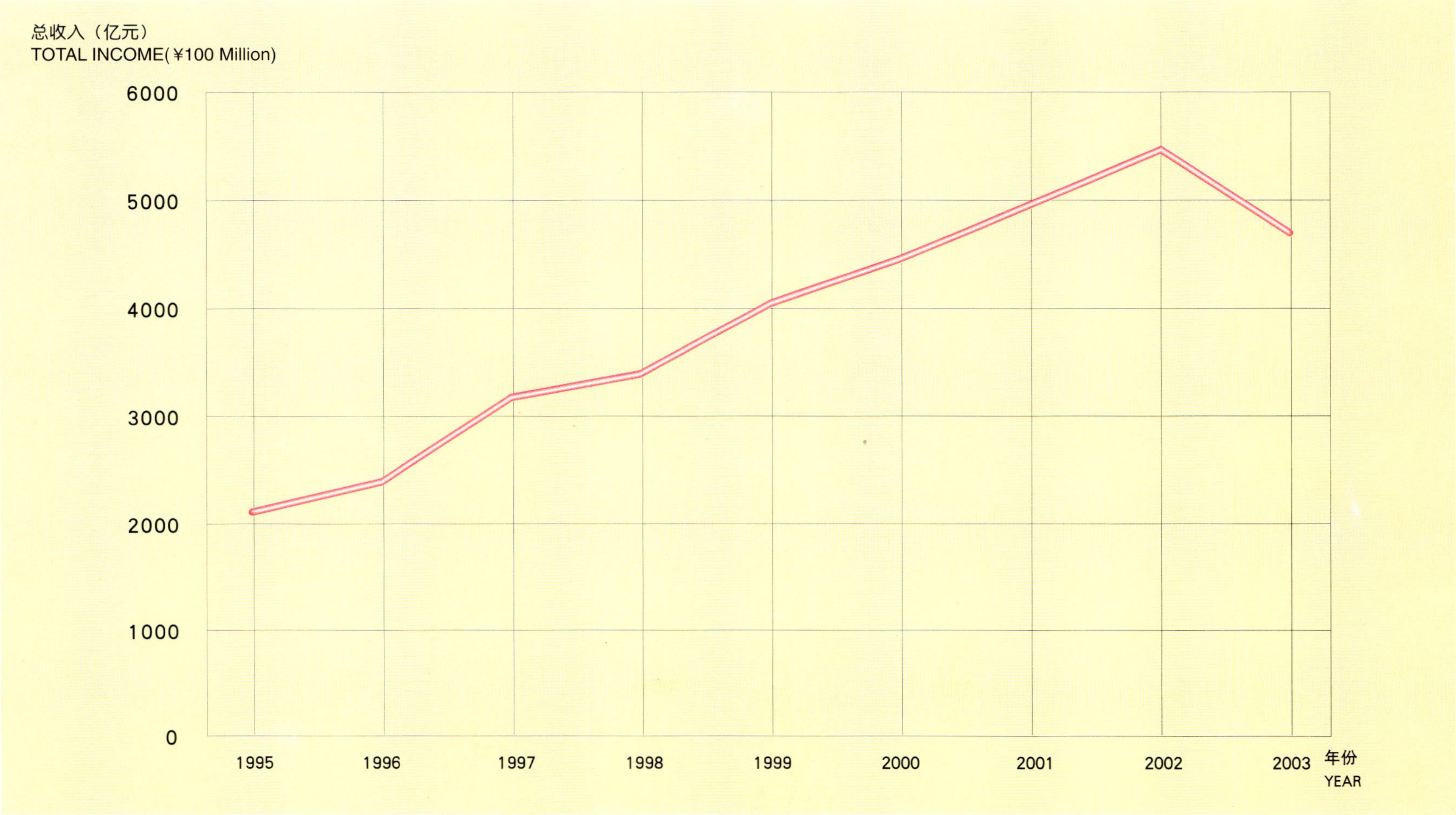

2002～2003 年主要国家入境旅游人数
FOREIGN TOURIST ARRIVALS FROM THE MAIN GENERATING COUNTRIES 2001–2003

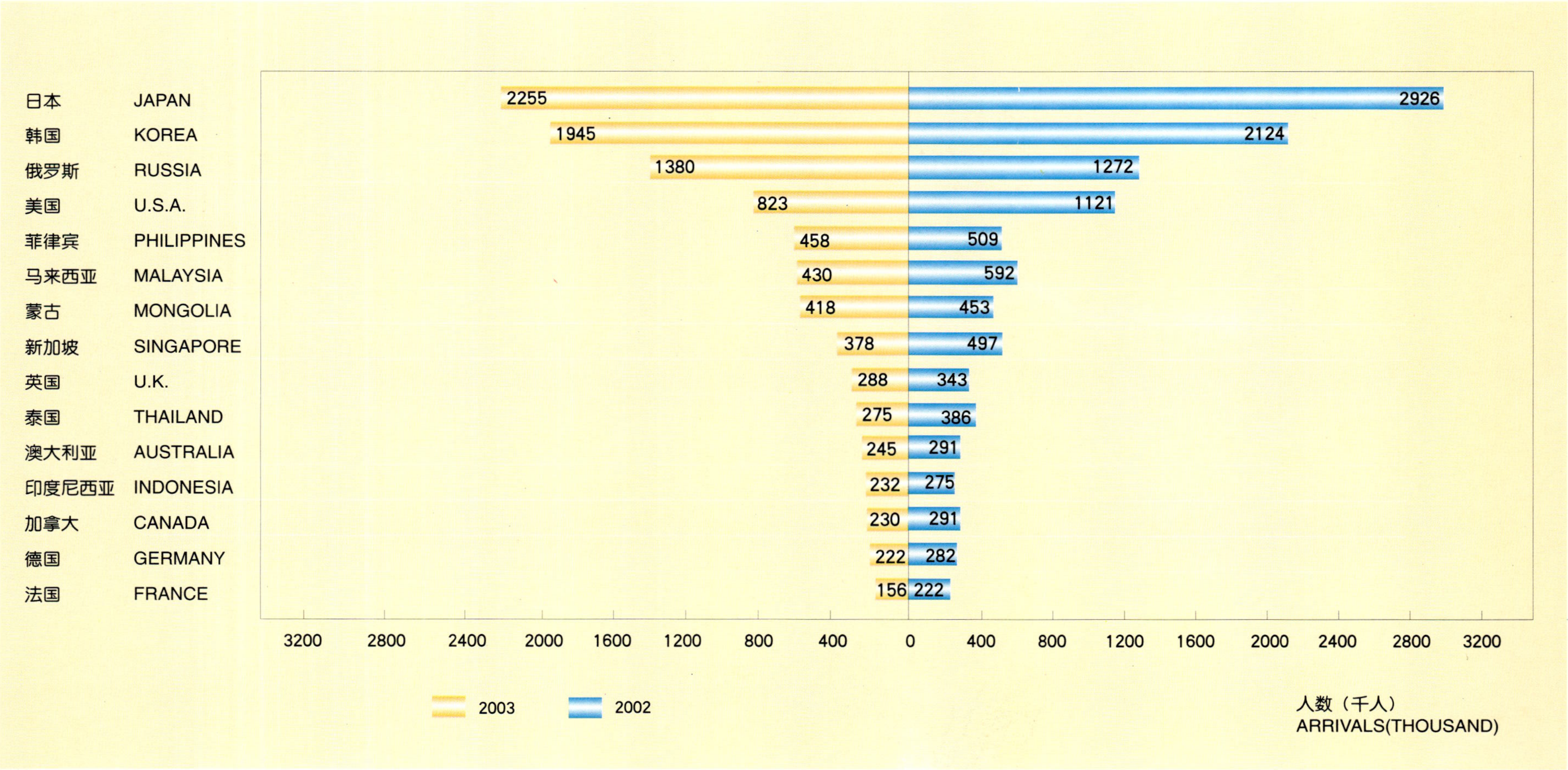

2001～2003 年各月入境外国旅游者人数
MONTHLY FOREIGN TOURIST ARRIVALS 2001－2003

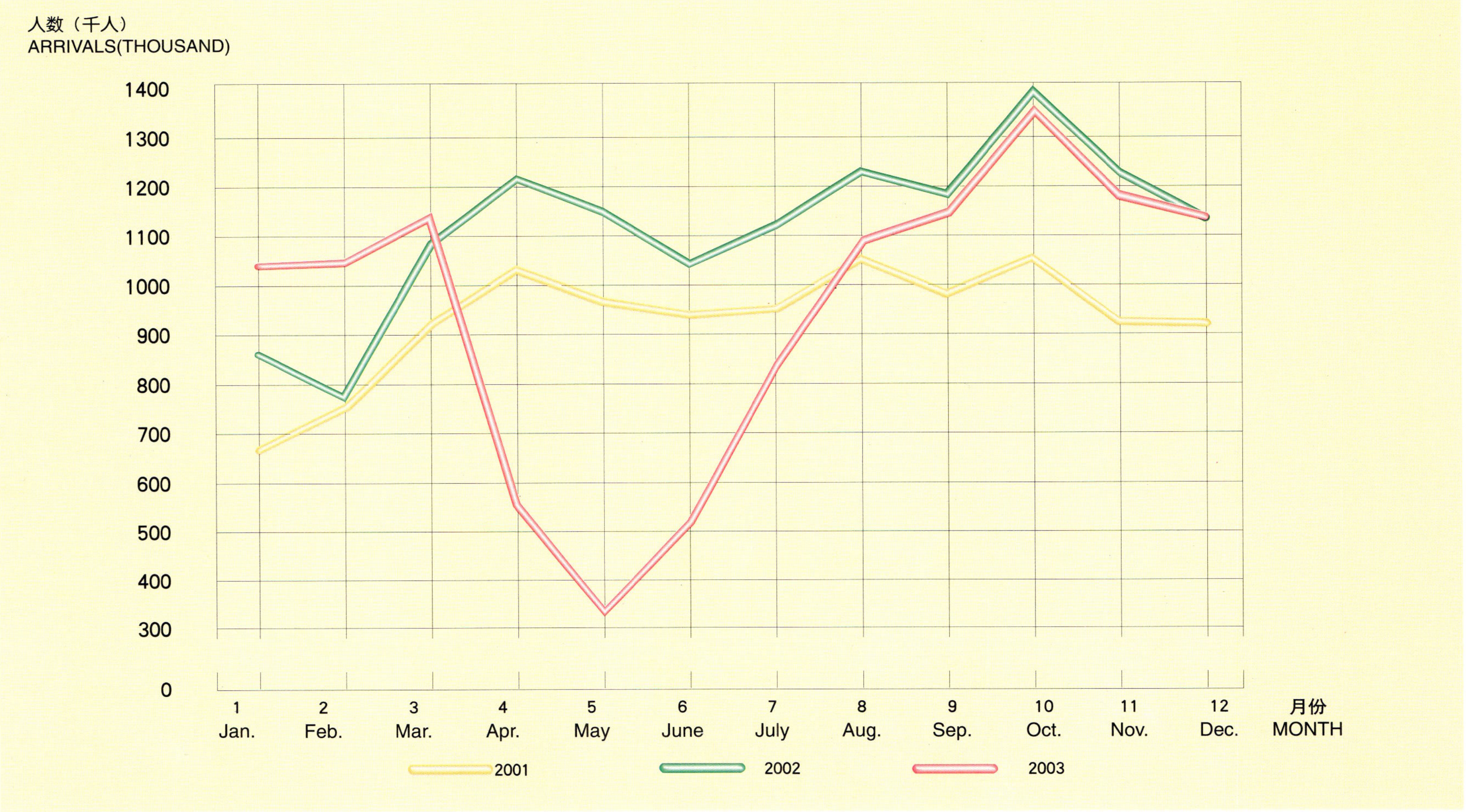

2003年主要城市接待入境旅游者人数
ARRIVALS TO MAJOR CITIES 2003

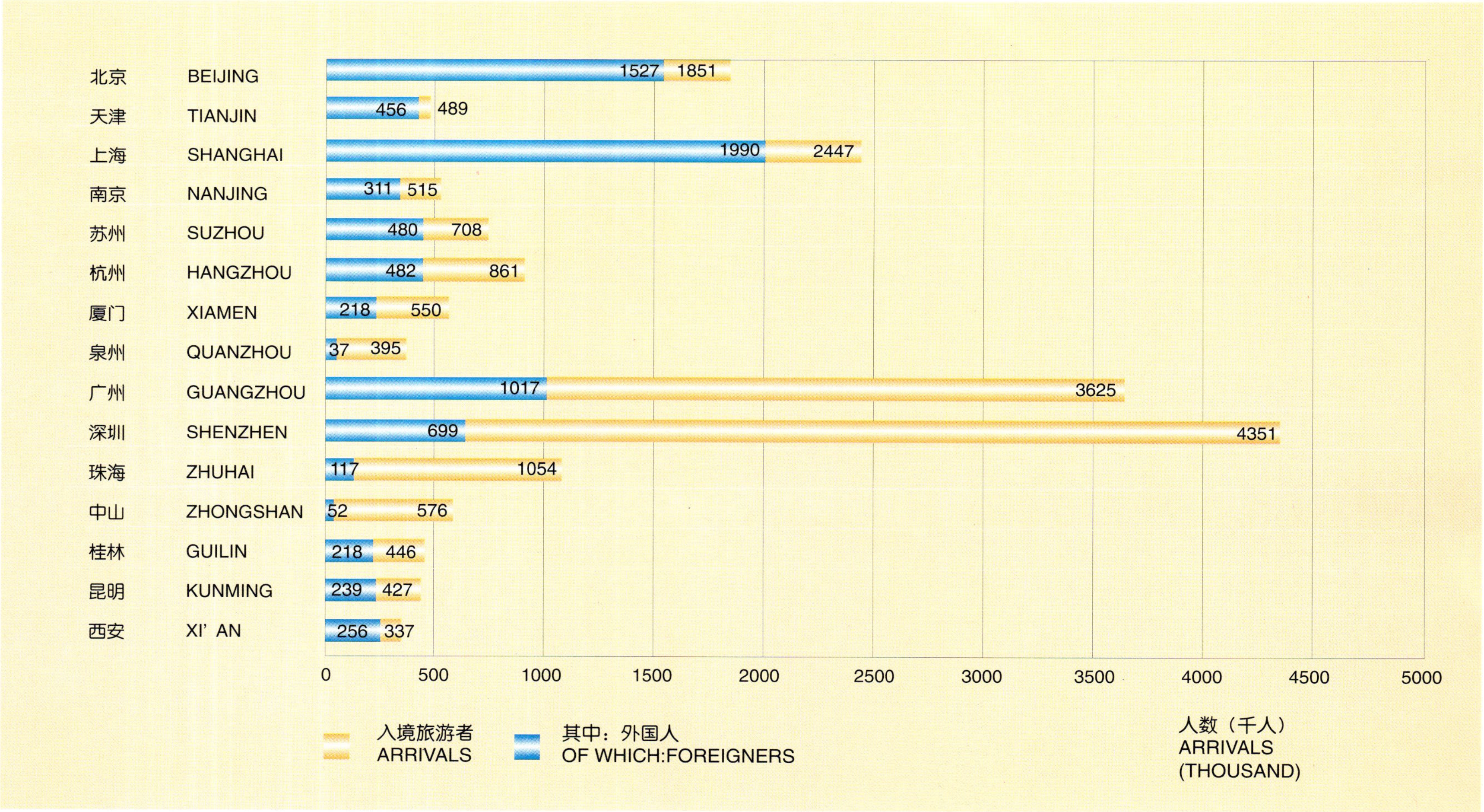

2003年入境外国旅游者人数构成(按地区分)
BREAKDOWN OF FOREIGN TOURIST ARRIVALS BY REGION 2003

2003年入境外国旅游者人数构成(按入境方式分)
BREAKDOWN OF FOREIGN TOURIST ARRIVALS BY MODE OF TRANSPORT 2003

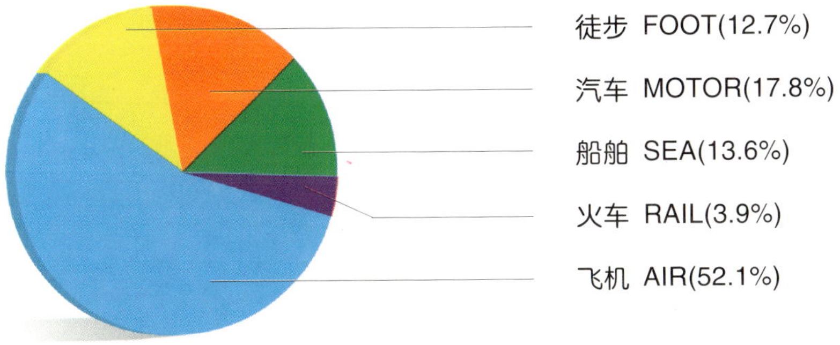

2003年入境外国旅游者人数构成(按年龄分)
BREAKDOWN OF FOREIGN TOURIST ARRIVALS BY AGE 2003

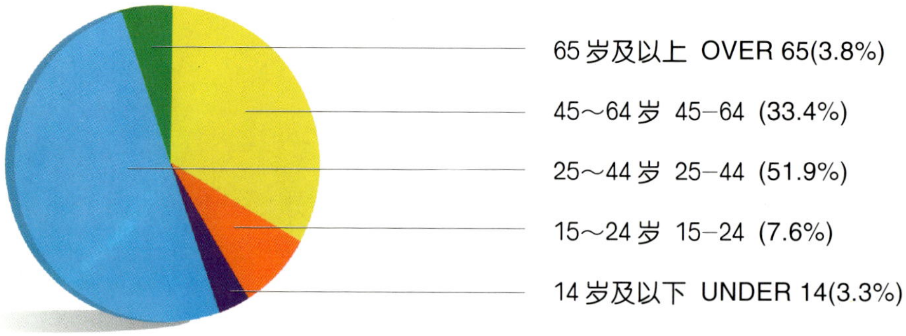

2003年入境外国旅游者人数构成(按目的分)
BREAKDOWN OF FOREIGN TOURIST ARRIVALS BY PURPOSE 2003

2003年国际旅游（外汇）收入构成
BREAKDOWN OF INTERNATIONAL TOURISM RECEIPTS 2003

2003年国际旅游（外汇）收入(按来源分)
INTERNATIONAL TOURISM RECEIPTS 2003

1991～2003年星级饭店数及客房数

NUMBER OF STAR-RATED HOTELS & ROOMS1991–2003

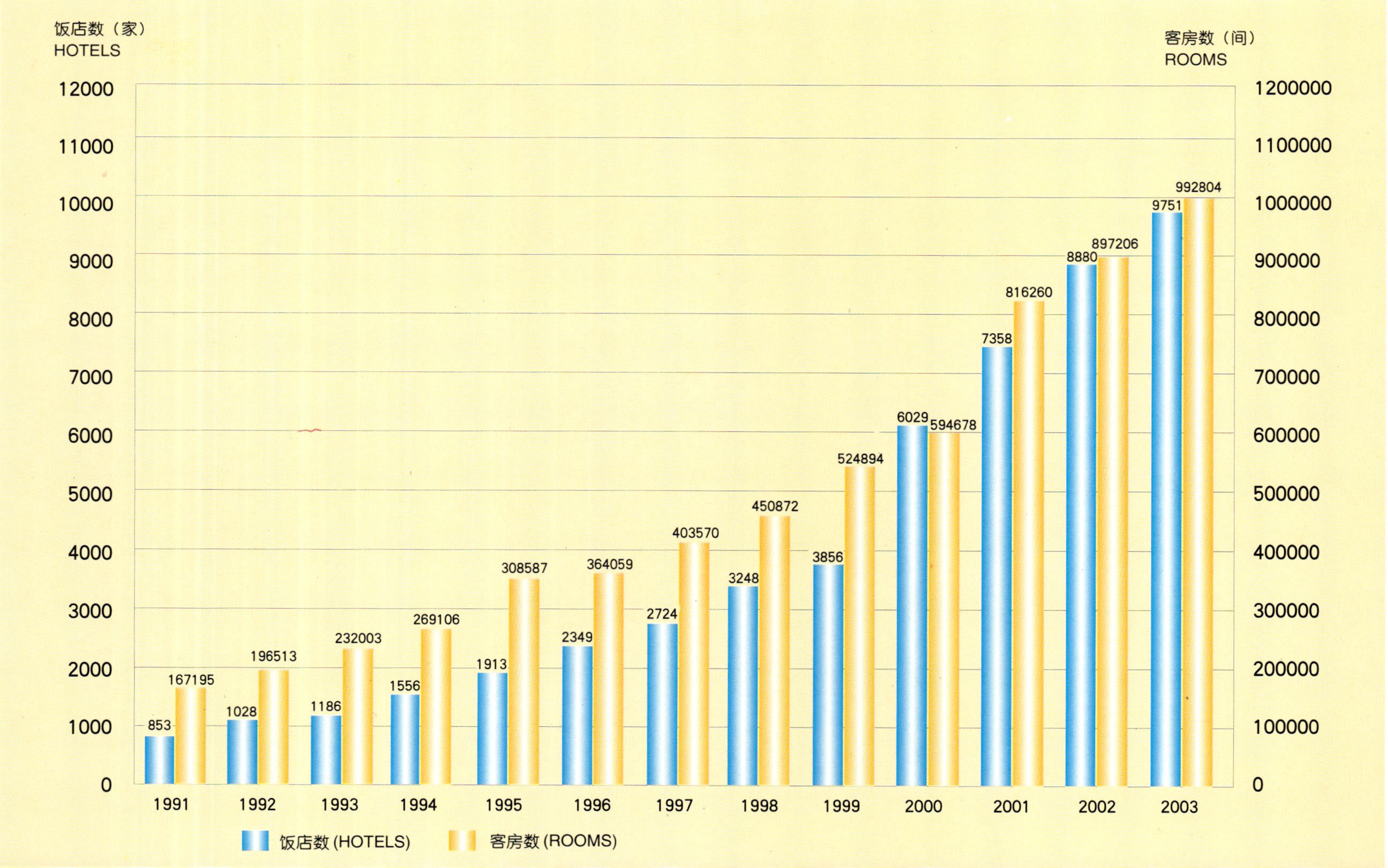

2003年不同星级饭店的数量及客房数

NUMBER OF DIFFERENT STAR-RATED HOTELS & ROOMS 2003

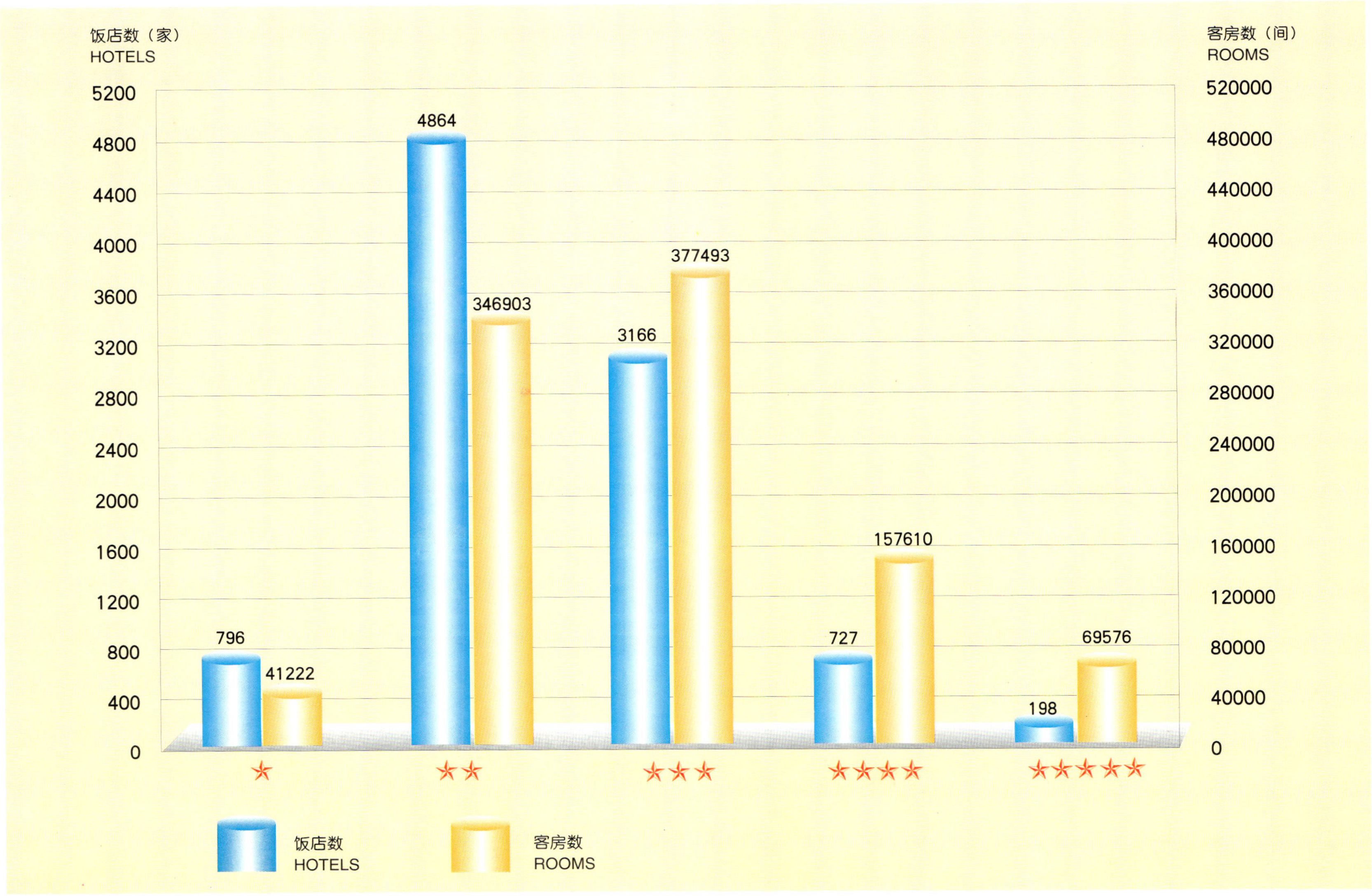

编 者 说 明

《中国旅游统计年鉴2004》是一本全面反映2003年中华人民共和国旅游业发展情况的资料性年刊。全书为中英文对照版本，内容分为：2003年中国旅游业统计公报和入境旅游人数、入境外国旅游者主要特征、国际旅游(外汇)收入、国内旅游基本情况、地方接待入境旅游者情况、星级饭店基本情况、旅行社基本情况、旅游企事业单位基本情况等共八个部分的统计资料。

本年鉴所附的《旅游统计基本概念和主要指标解释》，是对主要旅游统计指标的含义、统计范围和统计方法所作的简要说明。

本年鉴资料来源于全国各地旅游部门、统计部门和公安边检等部门。全国统计数据均未包括我国台湾省、香港特别行政区和澳门特别行政区的数字。本年鉴的统计数字是按国家旅游局、国家统计局联合制定的《旅游统计调查制度》规定的口径进行统计和汇总的，个别特殊的地方做了注释和说明。在编辑过程中，我们对2003年各月数字进行了核实、调整，读者在使用时如发现已经公布的统计数字与本年鉴数字不符，则以本年鉴数字为准。

本年鉴是了解中国旅游业2003年发展情况的权威性资料，可供旅游部门、国民经济各有关部门、教学科研单位以及旅游经济的科研人员、大专院校师生使用。海外旅游业同行、有关行业人士以及入境旅游的外国人、港澳台同胞亦可从中得到有关统计信息。本年鉴中凡带有续表的资料，如有注解均加在第一张表下面，请读者使用时注意。表中有“#”号者表示为该栏的主要项或其中项；有“*”号者表示本表下有注解；空格处表示该项数据不详或以前年份无该项数据。统计表下注有资料来源单位，未注明的均为国家旅游局提供。

中国旅游统计年鉴编委会

二○○四年七月

INTRODUCTION

The Yearbook of China Tourism Statistics for 2004 is a yearly review with information on the overall development of the tourism industry in the People's Republic of China in 2003. Written in English and Chinese, the information in this Yearbook covers eight aspects: Statistics Report on China's Tourism Industry in 2003 and tourist arrivals to China, major profile of international tourists to China, international tourism receipts, domestic tourism, business of different regions, business of star-rated hotels, business of travel agencies, travel enterprises and non-business institutions.

A note to the Index of Major Statistic Terms is attached at the end of the Yearbook, which gives a brief explanation of the meaning of main toruism statistics, scope and method of data-collecting.

The data of the Yearbook come from the tourism departments, statistical departments, and ports of entry and exit of public security departments throughout the country. The statistics of Taiwan Province, Hong Kong Special Administrative Region and Macao Special Administrative Region are not included. All the data are processed and compiled in line with the requirements set forth in the tourism statistics reporting system jointly formulated by the National Tourism Administration and the State Statistics Bureau, and explanatory notes are provided in some special cases. Re-check and re-adjustments have been made to the figures of each month in 2003, and if some inconsistency is found between the published figures and the figures in this Yearbook, the latter should be taken as authentic.

This Yearbook provides authoritative data on the development of China's tourism industry in 2003, which is useful to tourism departments, relevant departments of the national economy, education and research institutes, and students and teachers. The overseas travel trade, relevant people of the industry and foreign tourists to China, compatriots from Hong Kong, Macao and Taiwan can also benefit from this Yearbook.

In the Yearbook, wherever a table is contiuned on the next page, footnotes are given on the first page. The mark "#" denotes headline entry, while the mark "*" leads to footnotes. A blank cell means relevant data unclear or the relevant figure for previous years not available. Sources of the data are acknowledged beneath the table. All the unacknowledged data are provided by the National Tourism Administration.

Editing Committee of
the Yearbook of China Tourism Statistics
July, 2004

目　录

CONTENTS

2003年中国旅游业统计公报

国 家 旅 游 局

(2004年7月12日)

2003年,受"非典"影响,我国入境旅游和国内旅游出现十多年以来的第一次下降。全年共接待入境旅游者9166.21万人次,实现国际旅游外汇收入174.06亿美元,分别比上年下降6.4%和14.6%;国内旅游人数8.70亿人次,收入3442.27亿元人民币,分别比上年下降0.9%和11.2%;中国公民出境人数达到2022.19万人次,比上年增长21.8%;旅游业总收入4882亿元人民币,比上年下降12.3%;相当于当年全国国内生产总值的4.18%,比上年降低1.26个百分点。

一、入境旅游业实绩

从2003年3月开始,我国入境旅游市场受到了"非典"的严重冲击。6月24日北京实现"双解除"后,我国政府、相关部门及旅游全行业采取了一系列恢复发展旅游业的措施,全年入境旅游业实绩要好于预期:

——入境旅游人数达9166.21万人次,比上年下降6.4%,其中:外国人1140.29万人次,比上年下降15.1%;香港同胞5877.01万人次,比上年下降5.0%;澳门同胞1875.73万人次,比上年下降0.9%;台湾同胞273.19万人次,比上年下降25.4%。

——入境过夜旅游人数达3297.05万人次,比上年下降10.4%。在入境过夜旅游者中,外国人889.00万人次,比上年下降17.0%;港澳同胞2170.19万人次,比上年下降5.2%;台湾同胞237.86万人次,比上年下降25.5%。

——国际旅游(外汇)收入达174.06亿美元,比上年下降14.6%。

二、国内旅游业实绩

2003年,受"非典"影响,国内旅游业也受到了明显影响:

——全国国内旅游人数达8.70亿人次,比上年下降0.9%。其中:城镇居民3.51亿人次,农村居民5.19亿人次。

——全国国内旅游收入3442.27亿元人民币,比上年下降11.2%。其中:城镇居民旅游消费2404.08亿元,农村居民旅游消费1038.19亿元。

——全国国内旅游出游人均花费395.7元，比上年降低45.9元。其中：城镇居民国内旅游出游人均花费684.9元，农村居民国内旅游出游人均花费200.0元。

——在春节、“十一”两个“黄金周”中，全国共接待国内旅游者1.49亿人次，实现旅游收入603.6亿元。

三、旅游业产业规模及从业人员

根据本年度对国内旅游住宿设施(不包括星级饭店)抽样调查的结果，结合对全国星级饭店和旅行社等经营单位的全面统计，到2003年末，全国共有各类旅游企事业单位30.44万个，比上年增长3.6%。其中：旅游住宿设施28.38万个(包括：星级饭店0.98万个；社会旅馆8.01万个，个体旅馆19.40万个)；旅行社13361个；主要旅游景点和旅游车船公司等其他旅游企业7205个。

——到2003年末，全国旅游业共拥有固定资产原值8439.22亿元，比上年末增长2.4%。其中：旅游住宿设施7013.53亿元，占83.1%(星级饭店2915.55亿元，社会旅馆3572.12亿元、个体旅馆525.86亿元)；旅行社387.86亿元，占4.6%；主要旅游景点和旅游车船公司等其他企事业单位1037.83亿元，占12.3%。

——到2003年末，全国旅游业直接从业人员648.74万人，比上年末增长5.9%。其中：旅游住宿设施541.43万人(星级饭店135.06万人，社会旅馆336.97万人，个体旅馆69.41万人)，占83.5%；旅行社24.98万人，占3.8%；主要旅游区(点)和旅游车船公司等其他企事业单位82.33万人，占12.7%。全国旅游业间接从业人员约为3244万人。

四、入境旅游客源市场情况

1.外国市场

2003年，外国入境旅游人数出现下滑。全年入境外国游客1140.29万人次，比上年下降15.1%。

——亚洲各国入境旅游总人数比上年下降16.0%，占入境外国人总数的63.7%，市场份额比上年降低0.6个百分点。其中：日本、菲律宾、泰国、新加坡、印尼、马来西亚、斯里兰卡、吉尔吉斯斯坦等市场的降幅均超过一成；但印度、尼泊尔、哈萨克斯坦等市场入境人数实现增长。

——除非洲外，其他各洲市场来华人数同比下降。非洲入境人数比上年增长5.8%；欧洲、美洲、大洋洲客源分别比上年下降8.1%、24.9%和15.1%。除俄罗斯外，各主要客源国的入境人数普遍下降且降幅都达到两位数，其中，英国比上年下降15.9%、德国下降21.2%、法国下降29.7%、美国下降26.6%、加拿大下降20.9%、澳大利亚下降15.8%。俄罗斯入境人数仍实现增长,全年来华人数138.07万人次,比上年增长8.6%。

16个主要客源国2003年的入境旅游人数和增长情况如下:

序号	国家	入境旅游人数（万人次）	比上年增长（%）
1	日本	225.48	-22.9
2	韩国	194.55	-8.4
3	俄罗斯	138.07	8.6
4	美国	82.25	-26.6
5	菲律宾	45.77	-10.0
6	马来西亚	43.01	-27.4
7	蒙古	41.83	-7.7
8	新加坡	37.81	-24.0
9	英国	28.83	-15.9
10	泰国	27.54	-28.7
11	澳大利亚	24.54	-15.8
12	印度尼西亚	23.18	-15.6
13	加拿大	23.03	-20.9
14	德国	22.20	-21.2
15	印度	21.91	2.6
16	法国	15.61	-29.7

2. 港澳台地区市场

——2003年,香港市场入境人数为5877.01万人次,比上年下降5.0%。其中:过夜旅游者1865.56万人次,比上年下降5.9%,占31.7%;一日游人数4011.45万人次,比上年下降4.6%,占68.3%。

——2003年,澳门市场与上年基本持平,入境人数1875.73万人次,比上年下降0.9%。其中:过夜旅游者304.63万人次,比上年下降0.6%,占16.2%;一日游人数1571.10万人次,比上年下降1.0%,占83.8%。

——2003年,台湾市场降幅较大,全年入境人数273.19万人次,比上年下降

25.4%。

五、各省、自治区、直辖市入境旅游接待与收入情况

——2003年，全国各省、自治区、直辖市旅游经营单位接待的入境旅游者总计为3016.93万人次，比上年下降22.9%。接待量超过20万人次的有广东、上海、江苏、北京、浙江、福建、云南、辽宁、山东、广西、黑龙江、天津、陕西、四川、内蒙古、湖北、海南、安徽、河北、重庆、吉林等21个省（区、市）。广东省接待入境旅游者1196.96万人次，继续居全国第一位。

——2003年，全国各省、自治区、直辖市旅游经营单位接待的外国旅游者总计为1506.72万人次，比上年下降24.2%。接待量超过10万人次的有广东、上海、北京、江苏、浙江、辽宁、云南、山东、黑龙江、福建、天津、内蒙古、广西、湖北、陕西、河北、四川、吉林、重庆、安徽、新疆、海南、河南、湖南等24个省（区、市）。广东省接待外国旅游者245.76万人次，居全国第一位。

——2003年，国际旅游（外汇）收入超过1亿美元的有广东、上海、北京、江苏、福建、浙江、辽宁、山东、云南、天津、黑龙江、陕西、广西、四川、内蒙古、湖北、重庆等17个省（区、市），比上年减少4个。广东省的旅游（外汇）收入达42.67亿美元，继续居全国第一位。按外汇收入多少排列，31个省、自治区、直辖市的具体情况是：

序号	地区	国际旅游（外汇）收入（万美元）	增长（%）	接待入境旅游人数（万人次）	增长（%）
1	广东	426 693	-16.2	1196.96	-14.2
2	上海	205 266	-9.8	244.71	-10.2
3	北京	190 354	-38.9	185.12	-40.4
4	江苏	113 187	7.8	223.16	0.2
5	福建	91 487	-16.9	149.72	-19.0
6	浙江	87 250	-5.9	180.83	-11.4
7	辽宁	45 410	-17.5	77.89	-16.2
8	山东	37 013	-21.7	77.67	-20.5
9	云南	34 014	-18.9	100.01	-23.3
10	天津	32 947	-3.8	48.90	-3.4
11	黑龙江	24 364	-18.0	58.71	-18.2
12	陕西	19 843	-43.5	46.58	-45.2
13	广西	16 434	-48.9	65.02	-52.3

14	四　川	14 959	－25.3	45.17	－32.3
15	内蒙古	13 845	－7.3	41.36	－5.9
16	湖　北	13 627	－52.0	40.52	－60.4
17	重　庆	11 323	－48.1	23.45	－49.2
18	河　北	8 460	－49.4	28.03	－40.8
19	安　徽	8 341	－32.6	28.08	－38.8
20	海　南	7 957	－13.5	29.34	－24.7
21	吉　林	6 639	－23.1	21.17	－28.0
22	河　南	6 344	－56.4	18.86	－54.0
23	新　疆	4 858	－51.1	17.05	－38.1
24	江　西	4 746	－33.7	16.56	－31.3
25	湖　南	4 577	－85.3	15.39	－72.8
26	山　西	3 627	－51.5	11.60	－53.2
27	贵　州	2 894	－63.6	7.70	－66.2
28	甘　肃	2 117	－61.0	10.15	－57.0
29	西　藏	1 891	－63.4	5.11	－64.1
30	青　海	473	－52.6	1.77	－59.3
31	宁　夏	84	－47.9	0.30	－49.3

六、主要城市入境旅游接待与收入情况

——2003 年，接待入境旅游者人数超过 20 万人次的城市有深圳、广州、上海、北京、珠海、杭州、苏州、中山、厦门、南京、天津、桂林、昆明、泉州、无锡、大连、青岛、西安、福州、重庆、成都、武汉、宁波等 23 个，比上年减少 3 个；另有沈阳、汕头、黄山、哈尔滨、三亚、延边、烟台、温州等 8 个城市的接待人数超过 10 万人次。

——2003 年，接待外国旅游者人数超过 10 万人次的城市有上海、北京、广州、深圳、杭州、苏州、天津、大连、南京、青岛、无锡、西安、昆明、桂林、厦门、重庆、武汉、沈阳、福州、成都、宁波、延边、珠海、哈尔滨等 24 个，比上年减少 5 个。

——2003 年，国际旅游（外汇）收入超过 1 亿美元的城市有上海、北京、广州、深圳、珠海、杭州、天津、南京、厦门、泉州、苏州、大连、福州、中山、青岛、无锡、西安、昆明、重庆、沈阳、桂林、成都等 22 个，比上年减少 2 个；另有宁波、武汉、汕头、南通、烟台、哈尔滨等 6 个城市的国际旅游（外汇）收入超过 5000 万美元。上海市的国际旅游（外汇）收入达 20.53 亿美元，居全国城市第一位。按外汇收入多少排

列,22个旅游创汇大市的具体情况是:

序号	城市	国际旅游(外汇)收入(万美元)	增长(%)	接待入境旅游人数(万人次)	增长(%)
1	上海	205 266	-9.8	244.71	-10.2
2	北京	190 355	-38.9	185.12	-40.4
3	广州	162 207	-13.3	362.54	-23.5
4	深圳	130 103	-24.5	435.13	-3.2
5	珠海	46 202	-7.9	105.45	-18.9
6	杭州	42 221	-11.4	86.12	-18.5
7	天津	32 947	-3.8	48.90	-3.4
8	南京	31 772	-1.8	51.51	-8.2
9	厦门	30 153	-21.4	54.99	-18.4
10	泉州	30 116	-7.0	39.50	-24.3
11	苏州	28 959	4.0	70.83	-4.0
12	大连	25 120	-23.9	37.30	-24.0
13	福州	23 890	-8.4	31.68	-3.4
14	中山	18 712	-12.2	57.56	-12.8
15	青岛	18 061	-24.7	34.30	-17.8
16	无锡	15 916	7.8	39.36	-6.9
17	西安	14 637	-54.3	33.67	-54.7
18	昆明	11 325	-37.4	42.67	-39.0
19	重庆	11 323	-48.1	23.45	-49.2
20	沈阳	11 102	-19.0	18.40	-22.5
21	桂林	10 939	-51.6	44.57	-54.7
22	成都	10 079	-30.0	22.65	-43.5

七、全国星级饭店的规模和经营情况

2003年,全国星级饭店的总体规模比上年有所扩大,但受"非典"影响,平均客房出租率比上年有所下降。

——到2003年末,全国共有星级饭店9751家,比上年末增加871家,增长9.8%;客房99.28万间,增加9.56万间,增长10.7%;床位188.77万张,增加15.83万张,增长9.2%。

——到2003年末,全国星级饭店共拥有固定资产原值2915.55亿元,比上年末增长9.1%。

——2003年,全国星级饭店的全年平均客房出租率达56.14%,比上年减少4.01个百分点。

——2003年,全国9751家星级饭店营业收入总额983.16亿元,比上年增长7.5%;上缴营业税49.52亿元,比上年增长1.8%;全员劳动生产率7.28万元/人,比上年下降3.2%。

——全国5622家国有星级饭店,2003年共实现营业收入409.63亿元;上缴营业税19.49亿元;全员劳动生产率5.71万元/人。

——全国外商和港澳台客商投资兴建的678家星级饭店,2003年共实现营业收入303.42亿元;上缴营业税16.56亿元;全员劳动生产率16.27万元/人。

——在9751家星级饭店中:五星级饭店198家,比上年末增加23家;四星级饭店727家,增加92家;三星级饭店3166家,增加320家;二星级饭店4864家,增加450家;一星级饭店796家,减少14家。

——2003年全国星级饭店规模及其经营情况,具体如下:

	饭店数(家)	客房数(万间)	床位数(万张)	营业收入(亿元)	客房出租率(%)
合　　计	9751	99.28	188.77	983.16	56.14
按经济类型划分					
国有经济	5622	55.36	107.01	409.63	55.05
集体经济	909	7.25	13.98	55.10	54.81
股份合作企业	189	1.98	3.64	16.61	56.63
联营企业	95	0.99	1.87	7.82	54.58
有限责任公司	860	8.97	16.45	90.55	60.30
股份有限公司	359	4.27	8.01	48.36	59.49
私营企业	635	4.34	8.24	26.22	56.12
其他内资企业	404	3.37	6.68	25.46	55.62
港澳台商投资企业	411	7.10	12.21	207.59	57.70
外商投资企业	267	5.65	10.68	95.83	55.74
按规模划分					
客房数在500间以上	83	6.82	12.28	100.30	54.75
客房数在300～499间	349	12.80	22.83	162.22	56.86
客房数在200～299间	680	16.34	29.65	183.08	57.83
客房数在100～199间	2324	31.98	61.63	238.57	56.95

客房数在99间以下	6315	31.34	62.38	299.00	54.47
按饭店星级划分					
五星级	198	6.96	12.18	175.27	56.28
四星级	727	15.76	28.09	241.82	59.30
三星级	3166	37.75	71.23	400.12	57.16
二星级	4864	34.69	68.96	155.20	53.73
一星级	796	4.12	8.31	10.76	48.66

八、旅行社的规模和经营情况

——到2003年末,全国纳入统计范围的旅行社共有13361家,比上年末增加1809家。其中:国际旅行社1364家,比上年末增加15家;国内旅行社11997家,比上年末增加1794家。

——到2003年末,全国旅行社资产总额387.86亿元,比上年降低5.9%;各类旅行社共实现营业收入652.79亿元,比上年降低8.1%;实际缴纳税金6.66亿元,比上年降低16.2%。

——2003年,全国国际旅行社共招徕入境旅游者522.65万人次、1973.40万人天,分别比上年降低44.1%和50.0%;经旅行社接待的入境旅游者为896.79万人次、2100.57万人天,分别比上年降低49.1%和51.4%。

——2003年,全国旅行社共组织国内过夜旅游者3642.62万人次、11139.98万人天,分别比上年降低4.9%和24.7%;经旅行社接待的国内过夜旅游者为6185.33万人次、10942.75万人天,分别比上年降低22.4%和11.2%。

九、出境旅游情况

2003年,在我国入境旅游和国内旅游因受"非典"影响而出现下降的情况下,我国公民出国(境)旅游市场继续发展壮大,出国(境)人数有较大增长。

——2003年,我国公民出境人数达到2022.19万人次,比上年增长21.8%。其中:因公出境541.10万人次,比上年下降17.3%;因私出境1481.09万人次,比上年增长47.2%。出境第一站按人数排序,列前十位的国家和地区依次是:香港、澳门、日本、俄罗斯、越南、韩国、泰国、美国、新加坡、马来西亚。

——2003年,经旅行社组织出境旅游的总人数为387.01万人次,比上年增加14.85万人次,增长4.0%。其中:组织出国游172.68万人次,比上年下降6.1%;组织港澳游214.33万人次,比上年增长13.8%。另外共组织边境游53.48万人次,比上年下降39.1%。

——截至2003年底，除香港、澳门两个特别行政区外，已有26个国家成为我国公民出境旅游目的地。按市场正式启动的先后顺序，26个国家分别是：泰国、新加坡、马来西亚、菲律宾、韩国、澳大利亚、新西兰、日本、越南、柬埔寨、缅甸、文莱、马耳他、印度尼西亚、土耳其、埃及、尼泊尔、德国、印度、马尔代夫、斯里兰卡、南非、克罗地亚、匈牙利、巴基斯坦和古巴。

——2003年，我国内地居民首站赴香港的旅游人数为931.01万人次，比上年增长19.8%；赴澳门479.06万人次，增长72.1%；赴泰国52.78万人次，下降23.4%；赴新加坡26.21万人次，下降9.4%；赴马来西亚24.41万人次，增长5.6%；赴菲律宾7.29万人次，增长7.0%；赴韩国55.91万人次，增长1.4%；赴澳大利亚19.76万人次，下降0.9%；赴新西兰5.94万人次，增长1.1%；赴日本80.47万人次，增长5.9%；赴越南60.66万人次，增长126.5%；赴柬埔寨2.65万人次，增长5.7%；赴缅甸7.45万人次，增长82.6%；赴文莱0.12万人次，增长26.0%；赴马耳他0.12万人次，增长44.9%；赴土耳其0.89万人次，增长9.9%；赴埃及0.63万人次，增长8.5%；赴尼泊尔2.49万人次，增长60.8%；赴德国16.52万人次，下降0.3%；赴印度1.34万人次，增长48.1%；赴马尔代夫0.11万人次，增长331.1%；赴斯里兰卡0.24万人次，下降7.0%；赴南非2.54万人次，增长39.6%；赴克罗地亚0.04万人次，下降18.4%；赴匈牙利0.50万人次，下降1.5%；赴巴基斯坦1.57万人次，增长30.4%，赴古巴0.15万人次，下降51.5%。

十、旅游教育培训情况

——到2003年末，全国共有高等旅游院校及开设旅游系（专业）的普通高等院校494所，比上年增加87所，在校学生19.97万人，比上年增加4.23万人；中等职业学校713所，比上年增加7所，在校学生25.93万人，比上年增加0.03万人。两项合计，旅游院校总数为1207所，在校学生为45.90万人。

——2003年，全行业在职人员培训总量达192.96万人次，比上年增加58.04万人次，增长43.0%。

Statistics Report on China's Tourism Industry in 2003

China National Tourism Administration

July 12, 2004

In 2003, due to the impact of SARS, China's inbound tourism, domestic tourism and outbound tourism experienced the first downturn during the past decade. In 2003, the total tourist arrivals reached 91.6621 million person-times, and the foreign exchange income generated from the international tourism registered US $17.406 billion, decreasing by 6.4% and 14.6% respectively. In 2003, China's domestic tourism numbered 870 million person-times, and the income generated totaled 344.227 billion Chinese RMB yuan, decreasing by 0.9% and 11.2% respectively. In 2003, the outbound travel by Chinese citizens reached 20.2219 million person-times, with an increase of 21.8%. In 2003, the total income of China's tourism industry amounted to 488.2 billion Chinese RMB yuan, decreasing by 12.3% against the previous year. The total income of China's tourism industry is equivalent to 4.18 percent of the country's GDP of the year, with a decrease of 1.26 percent against the percentage of the previous year.

1. Inbound Tourism

Since March 2003, China's inbound tourism has suffered from the serious impact of SARS. After the World Health Organization removed Beijing from its list of SARS-infected areas and lifted a travel advisory against the city on June 24, with a series of recovery measures taken by the Chinese government, the relative departments and the whole tourism industry, the performance of China's inbound tourism in the year exceeded the expectation.

——The total number of overseas arrivals to China was 91.6621 million person-times, a 6.4 percent decrease against the previous year, in which 11.4029 million person-times were made by foreigners, a 15.1 percent decrease against the previous year; 58.7701 million by compatriots from Hong Kong SAR, a 5.0 percent decrease against the previous year, 18.7573 million by compatriots from Macao SAR, a 0.9 percent decrease against the previous year; and 2.7319 million by compatriots from Taiwan Province, a 25.4 percent decrease against the previous year.

——The total number of overnight tourists to China was 32.9705 million, a 10.4 percent decrease against the previous year. Of the total overnight tourists 8.89 million were foreigners, a 17.0 percent decrease; 21.7019 million were compatriots from Hong Kong SAR and Macao SAR, decreasing by 5.2 percent, and 2.3786 million were compatriots from Taiwan Province, a 25.5 percent decrease against the previous year.

——The total of China's international tourism receipts amounted to US $17.406 billion, a decrease of 14.6 percent against the previous year.

2. Domestic Tourism

In 2003, China's domestic tourism also suffered from obvious impact by SARS.

——The number of domestic tourists totaled 870 million, a decrease of 0.9 percent against the previous year, in which 351 million were urban residents and 519 million were rural residents.

——The total income of domestic tourism amounted to 344.227 billion yuan, a decrease of 11.2 percent against the previous year, in which 240.408 billion yuan were spent by urban residents and 103.819 billion yuan were spent by rural residents.

——The average domestic tourism expenditure per capita was 395.7 yuan, 45.9 yuan less than that of the previous year, of which the average expenditure by urban residents was 684.9 yuan per person and the average spending by rural residents was 200.0 yuan.

——The domestic tourists totaled 149 million and the domestic income reached 60.36 billion yuan during three "Golden Weeks" of the Chinese Spring Festival, Labor Day and National Day.

3. Scale of Tourism Industry and Number of Employees

According to the results of the sample survey on domestic tourist accommodation establishments (excluding star-rated hotels), and the statistics of Star-rated hotels and travel agencies in 2003, there were 304.4 thousand travel-related business enterprises and non-business tourism institutions in China, an increase of 3.6 percent over the previous year by the end of year. Out of the above figure, 283.8 thousand were accommodation establishments (including 9.8 thousand star-rated hotels, 80.1 thousand domestic tourist hotels and 194.0 thousand private-owned hotels); 13,361 were travel companies; and 7,205 were coach and cruise companies and major scenic spots companies.

——By the end of 2003, the total original value of fixed assets possessed by China's tourism industry was worth of 843.922 billion yuan, a 2.4 percent increase over the previous year, of which 701.353 billion yuan came from tourism accommodation, representing 83.1 percent (star-rated hotels worth of 291.555 billion yuan; domestic tourist hotels worth of 357.212 billion yuan; private-owned hotels worth of 52.586 billion yuan); 38.786 billion yuan came from travel agencies, amounting to 4.6 percent; other tourism companies including coach and cruise companies, scenic spots companies and others worth of 103.783 billion yuan, amounting to 12.3 percent.

——By the end of 2003, there were 6.4874 million employees directly involved in tourism industry, a 5.9 percent increase over the previous year. Of the total, 5.4143 million were involved in tourist accommodation establishments, representing 83.5 percent, (1.3506 million in star-rated hotels, 3.3697 million in domestic tourist hotels and 694.1 thousand in private-owned hotels); 249.8 thousand involved in travel agencies, representing 3.8 percent and 823.3 thousand involved in coach and cruise companies or tourist attractions, representing 12.7 percent. There were also 32.44 million employees indirectly involved in tourism industry.

4. Inbound Tourism Market

(1) Foreign Market

In 2003, the foreigner's arrivals to China went down. The yearly foreign visitor arrivals totaled 11.4029 million person-times, a decrease of 15.1 percent against the previous year.

——The total tourist arrivals from Asian countries dropped by 16.0 percent, representing 63.7 percent of total inbound foreign arrivals to China. The market share of foreign arrivals was 0.6 percentage points lower than the previous year. The markets of Japan, the Philippines, Thailand, Singapore, Indonesia, Malaysia, Sri Lanka and Kyrgyzstan decreased more than 10 percent. However, India, Nepal and Kazakhstan demonstrated increase over the previous year.

—— Tourist arrivals from all continents except for Africa went down compared with the previous year. Tourist arrivals from Africa increased by 5.8%; and those from Europe, Americas and Oceania decreased by 8.1 percent, 24.9 percent and 15.1 percent respectively. Almost all the major tourist generating markets except for Russia demonstrated decrease by two digits, in particular, the markets of United Kingdom, Germany, France, the United States, Canada and Australia, dropped by 15.9 percent, 21.2 percent, 29.7 percent, 26.6 percent, 20.9 percent and 15.8 percent respectively. The tourist arrivals from Russia were 1.3807 million person-times, realizing an increase of 8.6%.

The arrivals breakdown from the top 16 tourist generating countries to China in 2003 was shown in the following table.

Rank	Country	Arrivals (thousand)	Change over 2002 (%)
1.	Japan	2 254.8	-22.9
2.	ROK	1 945.5	-8.4
3.	Russia	1 380.7	8.6
4.	U.S.A.	822.5	-26.6
5.	Philippines	457.7	-10.0
6.	Malaysia	430.1	-27.4
7.	Mongolia	418.3	-7.7
8.	Singapore	378.1	-24.0
9.	Britain	288.3	-15.9
10.	Thailand	275.4	-28.7
11.	Australia	245.4	-15.8
12.	Indonesia	231.8	-15.6
13.	Canada	230.3	-20.9
14.	Germany	222.0	-21.2
15.	India	219.1	2.6
16.	France	156.1	-29.7

(2) Hong Kong, Macao and Taiwan Regional Market

——In 2003, the arrivals from Hong Kong SAR reached 58.7701 million, decreased by 5.0 percent against the previous year, among these arrivals, 18.6556 million were overnight tourists, a decrease of 5.9 percent, accounting for 31.7 percent of the total. 40.1145 million were same-day visitors, a decrease of 4.6 percent, accounting for 68.3 percent of the total.

——In 2003, the market of Macao SAR remained the same level with the previous year, with inbound tourist of 18.7573 million, decreasing by 0.9 percent against the previous year, among which 3.0463 million were overnight tourists, decreasing by 0.6 percent against the previous year, accounting for 16.2 percent and 15.7110 million were same-day visitors, decreasing by 1.0 percent, accounting for 83.8 percent of the total.

——In 2003, the market of Taiwan Province dropped by a big margin. Tourist arrivals from Taiwan Province were 2.7319 million, decreasing by 25.4 percent against the previous year.

5. Inbound Tourist Arrivals and Receipts by Provinces, Autonomous Regions and Municipalities

——In 2003, inbound tourists received by all the provinces, autonomous regions and municipalities totaled 30.1693 million, decreasing by 22.9 percent against the previous year. There were 21 provinces, autonomous regions and municipalities receiving more than 200 thousand visitors. They were Guangdong, Shanghai, Jiangsu, Beijing, Zhejiang, Fujian, Yunnan, Liaoning, Shandong, Guangxi, Heilongjiang, Tianjin, Shaanxi, Sichuan, Inner Mongolia, Hubei, Hainan, Anhui, Hebei, Chongqing, and Jilin. Guangdong Province continued to rank the first among the nation with 11.9696 million overseas visitors received.

——In 2003, the number of foreign visitor arrivals was 15.0672 million, with a decrease of 24.2 percent against the previous year. There were also 24 provinces, autonomous regions and municipalities receiving more than 100 thousand foreign visitors. They were Guangdong, Shanghai, Beijing, Jiangsu, Zhejiang, Liaoning, Yunnan, Shandong, Heilongjiang, Fujian, Tianjin, Inner Mongolia, Guangxi, Hubei, Shaanxi, Hebei, Sichuan, Jilin, Chongqing, Anhui, Xinjiang, Hainan, Henan, and Hunan. Guangdong ranked the first on the list, with 2.4576 million foreign tourists received.

——In 2003, there were 17 provinces, autonomous regions and municipalities, generating more than US $ 100 million receipts from international tourism. The number of provinces, autonomous regions and municipalities was four less than that of the previous year. They were Guangdong, Shanghai, Beijing, Jiangsu, Fujian, Zhejiang, Liaoning, Shandong, Yunnan, Tianjin, Heilongjiang, Shaanxi, Guangxi, Sichuan, Inner Mongolia, Hubei and Chongqing. Guangdong Province, with total annual foreign exchange receipts of US $ 4.267 billion, continued to be on the top of the table that is listed according to the amount of foreign exchange receipts.

The international receipts of the 31 provinces, autonomous regions and municipalities are shown in the following table:

Rank	Region	International Receipts (US$ million)	Tourism Receipts Change (%)	Inbound Arrivals (million)	Tourists Change (%)
1.	Guangdong	4 266.93	-16.2	11.9696	-14.2
2.	Shanghai	2 052.66	-9.8	2.4471	-10.2
3.	Beijing	1 903.54	-38.9	1.8512	-40.4
4.	Jiangsu	1 131.87	7.8	2.2316	0.2
5.	Fujian	914.87	-16.9	1.4972	-19.0
6.	Zhejiang	872.50	-5.9	1.8083	-11.4
7.	Liaoning	454.10	-17.5	0.7789	-16.2
8.	Shandong	370.13	-21.7	0.7767	-20.5
9.	Yunnan	340.14	-18.9	1.0001	-23.3
10.	Tianjin	329.47	-3.8	0.4890	-3.4
11.	Heilongjiang	243.64	-18.0	0.5871	-18.2
12.	Shaanxi	198.43	-43.5	0.4658	-45.2
13.	Guangxi	164.34	-48.9	0.6502	-52.3
14.	Sichuan	149.59	-25.3	0.4517	-32.3
15.	Inner Mongolia	138.45	-7.3	0.4136	-5.9
16.	Hubei	136.27	-52.0	0.4052	-60.4
17.	Chongqing	113.23	-48.1	0.2345	-49.2
18.	Hebei	84.60	-49.4	0.2803	-40.8
19.	Anhui	83.41	-32.6	0.2808	-38.8
20.	Hainan	79.57	-13.5	0.2934	-24.7
21.	Jilin	66.39	-23.1	0.2117	-28.0
22.	Henan	63.44	-56.4	0.1886	-54.0
23.	Xinjiang	48.58	-51.1	0.1705	-38.1
24.	Jiangxi	47.46	-33.7	0.1656	-31.3
25.	Hunan	45.77	-85.3	0.1539	-72.8
26.	Shanxi	36.27	-51.5	0.1160	-53.2
27.	Guizhou	28.94	-63.6	0.0770	-66.2
28.	Gansu	21.17	-61.0	0.1015	-57.0
29.	Tibet	18.91	-63.4	0.0511	-64.1
30.	Qinghai	4.73	-52.6	0.0177	-59.3
31.	Ningxia	0.84	-47.9	0.0030	-49.3

6. Inbound Tourists Arrivals and Receipts in Major Cities

——In 2003, there were 23 cities receiving more than 200 thousand inbound tourists. They were Shenzhen, Guangzhou, Shanghai, Beijing, Zhuhai, Hangzhou, Suzhou, Zhongshan, Xiamen, Nanjing, Tianjin, Guilin, Kunming, Quanzhou, Wuxi, Dalian, Qingdao, Xi'an, Fuzhou, Chongqing, Chengdu, Wuhan and Ningbo, three cities less than last year. In addition, another 8 cities including Shenyang, Shantou, Huangshan, Harbin, Sanya, Yanbian, Yantai and Wenzhou received more than 100 thousand inbound tourists.

——In 2003, there were 24 cities receiving more than 100 thousand foreign visitors, 5 cities less than that of the previous year. They were Shanghai, Beijing, Guangzhou, Shenzhen, Hangzhou,

Suzhou, Tianjin, Dalian, Nanjing, Qingdao, Wuxi, Xi'an, Kunming, Guilin, Xiamen, Chongqing, Wuhan, Shenyang, Fuzhou, Chengdu, Ningbo, Yanbian, Zhuhai and Harbin.

——In 2003, there were 22 cities earning more than US $ 100 million from international tourism, with 2 cities less than the previous year. They were Shanghai, Beijing, Guangzhou, Shenzhen, Zhuhai, Hangzhou, Tianjin, Nanjing, Xiamen, Quanzhou, Suzhou, Dalian, Fuzhou, Zhongshan, Qingdao, Wuxi, Xi'an, Kunming, Chongqing, Shenyang, Guilin and Chengdu. In addition, 6 other cities generated more than US $ 50 million receipts from international tourism. They are Ningbo, Wuhan, Shantou, Nantong, Yantai and Harbin. Shanghai ranked on the first of the list nationwide with US $ 2.053 billion. The details of the first 22 cities in terms of foreign receipts are shown as follows:

Rank	Region	International Receipts (US $ million)	Tourism Receipts Change (%)	Inbound Arrivals (million)	Tourists Change (%)
1.	Shanghai	2 051.66	-9.8	2.4471	-10.2
2.	Beijing	1 903.55	-38.9	1.8512	-40.4
3.	Guangzhou	1 622.07	-13.3	3.6254	-23.5
4.	Shenzhen	1 301.03	-24.5	4.3513	-3.2
5.	Zhuhai	462.02	-7.9	1.0545	-18.9
6.	Hangzhou	422.21	-11.4	0.8612	-18.5
7.	Tianjin	329.47	-3.8	0.4890	-3.4
8.	Nanjing	317.72	-1.8	0.5151	-8.2
9.	Xiamen	301.53	-21.4	0.5499	-18.4
10.	Quanzhou	301.16	-7.0	0.3950	-24.3
11.	Suzhou	289.59	4.0	0.7083	-4.0
12.	Dalian	251.20	-23.9	0.3730	-24.0
13.	Fuzhou	238.90	-8.4	0.3168	-3.4
14.	Zhongshan	187.12	-12.2	0.5756	-12.8
15.	Qingdao	180.61	-24.7	0.3430	-17.8
16.	Wuxi	159.16	7.8	0.3936	-6.9
17.	Xi'an	146.37	-54.3	0.3367	-54.7
18.	Kunming	113.25	-37.4	0.4267	-39.0
19.	Chongqing	113.23	-48.1	0.2345	-49.2
20.	Shenyang	111.02	-19.0	0.1840	-22.5
21.	Guilin	109.39	-51.6	0.44	-54.7
22.	Chengdu	100.79	-30.0	0.2265	-43.5

7. Scale and Business of Star-rated Hotels in China

In 2003, the overall scale of China's star-rated hotels augmented. The average occupancy rate decreased slightly due to SARS.

——By the end of 2003, there were a total of 9,751 Star-rated Hotels in China, 871 more than in 2002, increasing by 9.8 percent over the previous year. The total number of rooms was

992.8 thousand, increasing 95.6 thousand with an increase of 10.7 percent. The total number of beds reached 1.8877 million at the growth rate of 9.2 percent, with 158.3 thousand beds more than the previous year.

——By the end of 2003, the original value of fixed assets owned by star-rated hotels amounted to 291.555 billion yuan, increasing by 9.1 percent over the previous year.

——In 2003, the average occupancy rate of star-rated hotels was 56.14 percent, 4.01 percentage points lower than the previous year.

——In 2003, the total business income of 9,751 star-rated hotels amounted to 98.316 billion yuan, with an increase of 7.5 percent over the previous year. The business tax was 4.952 billion yuan, with an increase of 1.8 percent over the previous year. The productivity was 72.8 thousand yuan per capita, 3.2 percent lower than the previous year.

——There were a total of 5,622 state-owned star-rated hotels in China. In 2003, their total business income amounted to 40.963 billion yuan and the paid business tax reached 1.949 billion yuan, and the productivity was 57.1 thousand yuan per capita.

——There were 678 star-rated hotels in China built by capital and investment from foreign countries and Hong Kong, Macao and Taiwan regions. In 2003, their total business income reached 30.342 billion yuan and their paid business tax was 1.656 billion yuan, and the productivity was 162.7 thousand yuan per capita.

——Of the total 9,751 star-rated hotels in China, there were 198 five-star hotels, with 23 more; 727 four-star hotels with 92 more; 3,166 three-star hotels, with 320 more; 4,864 two-star hotels, with 450 more, and 796 one-star hotels, with 14 less than the previous year.

——The scale and business of all the star-rated hotels nationwide in 2003 were listed as follows:

	Number of Hotels	Number of Rooms (thousand)	Number of Beds (thousand)	Revenue (billion)	Occupancy (%)
Total	9 751	992.8	1887.7	98.316	56.14
by ownership status					
State-owned Economy	5 622	553.6	1070.01	40.963	55.05
Collective Economy	909	72.5	139.8	5.510	54.81
Co-operative Co.	189	19.8	36.4	1.661	56.63
Affiliated Co.	95	9.9	18.7	0.782	54.58
Ltd Liability Co.	860	89.7	164.5	9.055	60.30
Corporation	359	42.7	80.1	4.836	59.49
Proprietary Co.	635	43.4	82.4	2.622	56.12
Other domestic-funded Co.	404	33.7	66.8	2.546	55.62
Companies invested by HK, Macao, Taiwan	411	71.0	122.1	20.759	57.70
Foreign-invested Co.	267	56.5	106.8	9.538	55.74
by scale of room numbers					
over 500	83	68.2	122.8	10.030	54.75

300 – 499	349	128.0	228.3	16.222	56.86
200 – 299	680	163.4	296.5	18.308	57.83
100 – 199	2 324	319.8	616.3	23.857	56.95
less than 99	6 315	313.4	623.8	29.900	54.47
by star-rating					
5 – star	198	69.6	121.8	17.527	56.28
4 – star	727	157.6	280.9	24.182	59.30
3 – star	3 166	377.5	712.3	40.012	57.16
2 – star	4 864	346.9	689.6	15.520	53.73
1 – star	796	41.2	83.1	1.076	48.66

8. Scale and Business of Travel Agencies

——By the end of 2003, there were 13,361 travel agencies in China, 1,809 more than in 2002. Of the total, there were 1,364 international travel agencies, 15 more than the previous year, and 11,997 domestic travel agencies, 1,794 more than in 2002.

——By the end of 2003, the total assets owned by travel agencies nationwide amounted to 38.786 billion yuan, decreasing by 5.9% against the previous year. The business income was 65.279 billion yuan, 8.1 percent less than the previous year, and the business tax was 666 million yuan, 16.2 percent less than the previous year.

——In 2003, the total arrivals of tourists received by all the international travel agencies were 5.2265 million and the total number of person/nights were 19.7340 million, 44.1 percent and 50.0 percent lower than the previous year. The total number of inbound tourists received by travel agencies was 8.9679 million and the total number of person/nights was 21.0057 million, 49.1 percent and 51.4 percent lower than the previous year.

——In 2003, the total number of overnight domestic tourists organized by travel agencies was 36.4262 million, namely 111.3998 million person/nights, 4.9 percent and 24.7 percent lower than the previous year. The number of overnight domestic tourists received by travel agencies was 61.8533 million, namely 109.4275 million person/nights, 22.4 percent and 11.2 percent less than the previous year.

9. Outbound Travel

In 2003, the market of outbound travel in China continued to develop with great increase in number of outbound visitors despite of the decrease in inbound and domestic travel as a result of SARS.

——In 2003, the total number of Chinese outbound visitors reached 20.2219 million, increasing by 21.8 percent over the previous year. Of the total, 5.4110 million Chinese nationals traveled abroad for public affairs, 17.3 percent more than the previous year, and 14.8109 million for private purpose, 47.2 percent more than the previous year. The top ten first stop destinations for the Chinese nationals were Hong Kong SAR, Macao SAR, Japan, Russia, Viet Nam, ROK, Thailand, U.S.A., Singapore and Malaysia.

——In 2003, the total number of Chinese nationals traveling abroad organized by travel agencies was 3.8701 million, 1.485 thousand more than the previous year, with 4.0 percentage points increase. Of the total, 1.7268 million visitors went to foreign countries, 6.1 percent less than the previous year; and 2.1433 million to Hong Kong SAR and Macao SAR, an increase of 13.8 percent; 0.5438 million made border-crossing travel, decreasing by 39.1 percent against the previous year.

——By the end of 2003, besides the two regions of Hong Kong SAR and Macao SAR, 26 countries have been granted with Approved Destination Status (ADS). They are Thailand, Singapore, Malaysia, the Philippines, ROK, Australia, New Zealand, Japan, Vietnam, Cambodia, Myanmar, Brunei, Malta, Indonesia, Turkey, Egypt, Nepal, Germany, India, Maldives, Sri Lanka, South Africa, Croatia, Hungary, Pakistan and Cuba.

——In 2003, the numbers of outbound travel made by Chinese Mainland citizens to the approved destinations in terms of first stop are as follows: 9.3101 million visited Hong Kong SAR, with an increase of 19.8 percent over the previous year; 4.7906 million visited Macao SAR, with an increase of 72.1 percent; 527.8 thousand visited Thailand, with a decrease of 23.4 percent; 262.1 thousand visited Singapore, with a decrease of 9.4 percent; 244.1 thousand visited Malaysia, with an increase of 5.6 percent; 72.9 thousand visited the Philippines, with an increase of 7.0 percent; 559.1 thousand visited ROK, with an increase of 1.4 percent; 197.6 thousand visited Australia, with a decrease of 0.9 percent; 59.4 thousand visited New Zealand, with an increase of 1.1 percent; 804.7 thousand visited Japan, with an increase of 5.9 percent; 606.6 thousand visited Vietnam, with an increase of 126.5 percent; 26.5 thousand visited Cambodia, with an increase of 5.7 percent; 74.5 thousand visited Myanmar, with an increase of 82.6 percent; 1.2 thousand visited Brunei, with an increase of 26.0 percent; 1.2 thousand visited Malta, with an increase of 44.9 percent; 8.9 thousand visited Turkey, with an increase of 9.9 percent; 6.3 thousand visited Egypt, with an increase of 8.5 percent; 24.9 thousand visited Nepal, with an increase of 60.8 percent; 165.2 thousand visited Germany, with a decrease of 0.3 percent; 13.4 thousand visited India, with an increase of 48.1 percent; 1.1 thousand visited Maldives, with an increase of 331.1 percent; 2.4 thousand visited Sri Lanka, with a decrease of 7.0 percent; 25.4 thousand visited South Africa, with an increase of 39.6 percent; 0.4 thousand visited Croatia, with a decrease of 18.4 percent; 5.0 thousand visited Hungary, with a decrease of 1.5 percent; 15.7 thousand visited Pakistan, with an increase of 30.4 percent; 1.5 thousand visited Cuba, with a decrease of 51.5 percent.

10. Education and Training in Tourism Industry

——By the end of 2003, there were 494 higher learning institutes and colleges with travel and tourism departments, 87 more than that in 2002. And the number of enrolled students was 199.7 thousand, 42.3 thousand more than that in previous year. There were 713 medium-level professional schools, 7 schools more than the previous year, with 259.3 thousand enrolled students, 0.3 thousand less than that in the previous year. In total, there were 1,207 tourism institutes and schools with an enrollment of 459.0 thousand students.

——In 2003, 1.9296 million employees participated in training programs, 580.4 thousand more than that in previous year, with a 43.0 percent increase.

一、入境旅游人数

1. INTERNATIONAL VISITOR ARRIVALS TO CHINA

1-1 1978～2003年中国入境过夜旅游者人数和国际旅游(外汇)收入的世界排名

RANK OF CHINA'S TOURIST ARRIVALS & TOURISM RECEIPTS IN THE WORLD 1978—2003

年份 YEAR	过夜旅游者人数(万人次) TOURIST ARRIVALS (TEN THOUS.)	世界排名 RANK	国际旅游(外汇)收入(亿美元) TOURISM RECEIPTS (100Mn.US$)	世界排名 RANK
1978	71.60	—	2.63	—
1979	152.90	—	4.49	—
1980	350.00	18	6.17	34
1981	376.70	17	7.85	34
1982	392.40	16	8.43	29
1983	379.10	16	9.41	26
1984	514.10	14	11.31	21
1985	713.30	13	12.50	21
1986	900.10	12	15.31	22
1987	1 076.00	12	18.62	26
1988	1 236.10	10	22.47	26
1989	936.10	12	18.60	27
1990	1 048.40	11	22.18	25
1991	1 246.40	12	28.45	21
1992	1 651.20	9	39.47	17
1993	1 898.20	7	46.83	15
1994	2 107.00	6	73.23	10
1995	2 003.40	8	87.33	10
1996	2 276.50	6	102.00	9
1997	2 377.00	6	120.74	8
1998	2 507.29	6	126.02	7
1999	2 704.66	5	140.99	7
2000	3 122.88	5	162.24	7
2001	3 316.67	5	177.92	5
2002	3 680.26	5	203.85	5
2003	3 297.05	5	174.06	7

资料来源:世界旅游组织

SOURCE:WORLD TOURISM ORGANIZATION

1-2 1978～2003年入境旅游人数
ANNUAL VISITOR ARRIVALS 1978—2003

单 位:人
UNIT:PERSON

年 份 YEAR	总 计 TOTAL	外国人 FOREIGN-ERS	华侨 OVERSEAS CHINESE	港澳台同胞 * COMPA-TRIOTS	#台湾同胞 TAIWAN PROVINCE
1978	1 809 221	229 646	18 092	1 561 483	
1979	4 203 901	362 389	20 910	3 820 602	
1980	5 702 536	529 124	34 413	5 138 999	
1981	7 767 096	675 153	38 856	7 053 087	
1982	7 924 261	764 497	42 745	7 117 019	
1983	9 477 005	872 511	40 352	8 564 142	
1984	12 852 185	1 134 267	47 498	11 670 420	
1985	17 833 097	1 370 462	84 827	16 377 808	
1986	22 819 450	1 482 276	68 133	21 269 041	
1987	26 902 267	1 727 821	87 031	25 087 415	
1988	31 694 804	1 842 206	79 348	29 773 250	437 700
1989	24 501 394	1 460 970	68 556	22 971 868	541 000
1990	27 461 821	1 747 315	91 090	25 623 416	948 000
1991	33 349 757	2 710 103	133 427	30 506 227	946 632
1992	38 114 945	4 006 427	165 077	33 943 441	1 317 770
1993	41 526 945	4 655 857	166 182	36 704 906	1 526 969
1994	43 684 456	5 182 060	115 245	38 387 151	1 390 215
1995	46 386 511	5 886 716	115 818	40 383 977	1 532 309
1996	51 127 516	6 744 334	154 601	44 228 581	1 733 897
1997	57 587 923	7 428 006	99 004	50 060 913	2 117 576
1998	63 478 401	7 107 747	120 704	56 249 950	2 174 602
1999	72 795 594	8 432 296	108 141	64 255 157	2 584 648
2000	83 443 881	10 160 432	75 487	73 207 962	3 108 643
2001	89 012 924	11 226 384	—	77 786 540	3 441 961
2002	97 908 252	13 439 497	—	84 468 755	3 660 565
2003	91 662 082	11 402 855	—	80 259 227	2 731 897

资料来源:公安部

SOURCE:MINISTRY OF PUBLIC SECURITY

NOTE: * COMPATRIOTS FROM HONG KONG,MACAO AND TAIWAN PROVINCE.

1－3　2003年各月入境旅游人数
MONTHLY VISITOR ARRIVALS 2003

单　位:人
UNIT:PERSON

月　份 MONTH	总　计 TOTAL	外国人 FOREI-GNERS	香港同胞 HONG KONG SAR	澳门同胞 MACAO SAR	台湾同胞 TAIWAN PROVINCE
全　年 **WHOLE YEAR**	**91 662 082**	**11 402 855**	**58 770 063**	**18 757 267**	**2 731 897**
一　月　JAN.	8 533 497	1 033 340	5 394 495	1 879 914	225 748
二　月　FEB.	7 376 002	1 042 620	4 564 218	1 439 237	329 927
三　月　MAR.	7 851 398	1 138 854	4 920 168	1 545 714	246 662
四　月　APR.	5 649 160	561 619	3 631 555	1 347 480	108 506
五　月　MAY	5 435 957	337 267	3 907 376	1 144 937	46 377
六　月　JUNE	6 526 017	516 524	4 398 853	1 519 047	91 593
七　月　JULY	7 769 433	833 566	5 029 621	1 641 332	264 914
八　月　AUG.	8 843 955	1 098 067	5 690 675	1 754 196	301 017
九　月　SEP.	8 075 807	1 147 495	5 096 711	1 548 031	283 570
十　月　OCT.	8 549 860	1 356 640	5 275 884	1 601 161	316 175
十一月　NOV.	8 284 180	1 192 474	5 229 688	1 593 938	268 080
十二月　DEC.	8 766 816	1 144 389	5 630 819	1 742 280	249 328

资料来源:公安部
SOURCE:MINISTRY OF PUBLIC SECURITY

1-4 2003年各月入境旅游人数(按入境方式分)
MONTHLY VISITOR ARRIVALS BY MODE OF TRANSPORT 2003

单 位:人
UNIT:PERSON

月 份 MONTH	总 计 TOTAL	船舶 SEA	飞机 AIR	火车 RAIL	汽车 MOTOR	徒步 FOOT
全 年 WHOLE YEAR	**91 662 082**	**3 787 009**	**8 080 495**	**1 110 460**	**21 728 996**	**56 955 122**
一 月 JAN.	8 533 497	342 829	732 749	102 485	1 582 099	5 773 335
二 月 FEB.	7 376 002	350 524	864 147	85 104	1 429 968	4 646 259
三 月 MAR.	7 851 398	295 018	852 925	91 317	1 697 272	4 914 866
四 月 APR.	5 649 160	229 389	298 007	61 522	1 422 005	3 638 237
五 月 MAY	5 435 957	196 459	141 505	49 775	1 406 975	3 641 243
六 月 JUNE	6 526 017	249 325	254 999	66 626	1 625 770	4 329 297
七 月 JULY	7 769 433	290 823	620 189	90 325	1 909 468	4 858 628
八 月 AUG.	8 843 955	384 937	835 332	105 056	2 087 469	5 431 161
九 月 SEP.	8 075 807	348 115	833 107	104 709	2 014 103	4 775 773
十 月 OCT.	8 549 860	367 270	989 105	127 147	2 150 928	4 915 410
十一月 NOV.	8 284 180	349 108	844 183	112 076	2 124 111	4 854 702
十二月 DEC.	8 766 816	383 212	814 247	114 318	2 278 828	5 176 211

资料来源:公安部
SOURCE:MINISTRY OF PUBLIC SECURITY

1－5　2002～2003 年主要客源国入境旅游人数

FOREIGN VISITOR ARRIVALS FROM THE MAIN GENERATING COUNTRIES 2002—2003

单　位：人
UNIT:PERSON

国　　籍 NATIONALITY		2003 年 2003	2002 年 2002	2003 年比 2002 年增长（%） GROWTH（%）
总　　计	**TOTAL**	**11 402 855**	**13 439 497**	**－15.2**
其　　中	OF WHICH			
日　　本	JAPAN	2 254 800	2 925 553	－22.9
韩　　国	KOREA	1 945 484	2 124 310	－8.4
俄 罗 斯	RUSSIA	1 380 650	1 271 635	8.6
美　　国	U.S.A.	822 511	1 121 197	－26.6
菲 律 宾	PHILIPPINES	457 725	508 572	－10.0
马来西亚	MALAYSIA	430 137	592 447	－27.4
蒙　　古	MONGOLIA	418 257	453 126	－7.7
新 加 坡	SINGAPORE	378 074	497 149	－24.0
英　　国	U.K.	288 326	342 967	－15.9
泰　　国	THAILAND	275 429	386 328	－28.7
澳大利亚	AUSTRALIA	245 417	291 303	－15.8
印度尼西亚	INDONESIA	231 838	274 717	－15.6
加 拿 大	CANADA	230 326	291 329	－20.9
德　　国	GERMANY	222 022	281 835	－21.2
印　　度	INDIA	219 097	213 611	2.6
法　　国	FRANCE	156 063	222 135	－29.7
越　　南	VIETNAM	130 412	143 499	－9.1
哈萨克斯坦	KAZAKHSTAN	89 661	65 748	36.4
朝　　鲜	KOREA,D.P.REP.	77 140	79 253	－2.7
巴基斯坦	PAKISTAN	76 001	83 059	－8.5
荷　　兰	NETHERLANDS	67 921	100 405	－32.4
意 大 利	ITALY	65 834	91 711	－28.2
瑞　　典	SWEDEN	50 043	62 811	－20.3
缅　　甸	MYNMAR	44 360	44 396	－0.1
新 西 兰	NEW ZEALAND	43 428	50 198	－13.5
乌 克 兰	UKRAINE	37 835	34 509	9.6
丹　　麦	DANMARK	32 024	36 812	－13.0
吉尔吉斯斯坦	KYRGHYZ	31 667	36 749	－13.8
葡 萄 牙	PORTUGAL	30 097	36 092	－16.6

资料来源：公安部
SOURCE:MINISTRY OF PUBLIC SECURITY

1-6 2003年各月入境外国
MONTHLY FOREIGN VISITOR

国籍 NATIONALITY		一月 JAN.	二月 FEB.	三月 MAR.	四月 APR.	五月 MAY	六月 JUNE
总计	**TOTAL**	**1 033 340**	**1 042 620**	**1 138 854**	**561 619**	**337 267**	**516 524**
亚洲	**ASIA**	**681 941**	**721 332**	**719 787**	**324 904**	**214 715**	**316 661**
日本	JAPAN	228 141	262 588	269 007	97 797	54 417	75 381
韩国	KOREA	193 151	205 613	161 958	76 825	64 443	97 214
蒙古	MONGOLIA	46 615	17 657	32 507	30 718	8 648	25 355
印度尼西亚	INDONESIA	19 982	18 144	17 525	8 287	5 784	9 684
马来西亚	MALAYSIA	29 432	47 129	46 354	10 820	8 687	14 558
菲律宾	PHILIPPINES	41 531	40 474	42 855	28 811	25 607	28 046
新加坡	SINGAPORE	30 547	36 024	36 440	9 293	7 972	15 253
泰国	THAILAND	22 343	28 818	37 388	6 820	4 911	7 064
印度	INDIA	17 442	15 172	18 036	11 451	10 617	13 977
其他	OTHERS	52 757	49 713	57 717	44 082	23 629	30 129
欧洲	**EUROPE**	**195 734**	**193 628**	**263 505**	**179 979**	**81 519**	**133 358**
英国	UNITED KINGDOM	25 452	24 335	31 775	16 439	8 963	14 205
法国	FRANCE	14 411	14 784	17 691	4 893	4 495	6 329
德国	GERMANY	17 303	19 006	27 638	11 958	5 544	8 772
意大利	ITALY	5 949	5 756	7 432	1 691	1 217	2 500
瑞士	SWITZERLAND	2 123	1 979	2 641	1 353	669	800
瑞典	SWEDEN	4 790	4 956	6 170	2 188	871	1 443
荷兰	NETHERLANDS	6 135	5 580	6 870	3 230	1 731	2 887
俄罗斯	RUSSIA	89 090	84 972	128 194	120 220	46 542	80 801
其他	OTHERS	30 481	32 260	35 094	18 007	11 487	15 621
美洲	**AMERICA**	**114 746**	**96 712**	**117 100**	**39 008**	**27 876**	**47 222**
美国	U.S.A.	82 119	70 084	85 767	26 899	18 472	32 113
加拿大	CANADA	24 305	19 760	23 173	8 481	7 256	11 134
其他	OTHERS	8 322	6 868	8 160	3 628	2 148	3 975
大洋洲	**OCEANIA**	**32 403**	**23 796**	**28 715**	**11 699**	**8 905**	**13 728**
澳大利亚	AUSTRALIA	26 871	19 667	23 595	9 099	6 805	10 789
新西兰	NEW ZEALAND	4 309	3 307	4 087	1 843	1 335	2 062
其他	OTHERS	1 223	822	1 033	757	765	877
非洲	**AFRICA**	**8 168**	**6 790**	**9 388**	**5 823**	**4 153**	**5 500**
其他	**OTHERS**	**348**	**362**	**359**	**206**	**99**	**55**

资料来源:公安部
SOURCE:MINISTRY OF PUBLIC SECURITY

旅游者人数(按国籍分)

ARRIVALS BY NATIONALITY 2003

单　位:人

UNIT:PERSON

七月 JULY	八月 AUG.	九月 SEP.	十月 OCT.	十一月 NOV.	十二月 DEC.	合　计 TOTAL	占总数比重(%) P.C. TOTAL	比上年增长(%) GROWTH (%)
833 566	**1 098 067**	**1 147 495**	**1 356 640**	**1 192 474**	**1 144 389**	**11 402 855**	**100.0**	**-15.2**
527 881	**706 045**	**711 471**	**823 232**	**759 264**	**757 750**	**7 264 983**	**63.7**	**-16.0**
150 113	191 215	212 617	246 756	233 173	233 595	2 254 800	19.8	-22.9
162 343	229 111	189 611	202 506	184 709	178 000	1 945 484	17.1	-8.4
36 451	44 255	40 531	46 486	43 982	45 052	418 257	3.7	-7.7
14 830	21 597	23 547	25 387	36 388	30 683	231 838	2.0	-15.6
23 476	33 439	46 067	54 899	62 703	52 573	430 137	3.8	-27.4
33 307	43 534	43 185	45 010	41 950	43 415	457 725	4.0	-10.0
27 112	33 720	40 274	45 838	46 480	49 121	378 074	3.3	-24.0
12 011	21 651	25 354	44 918	27 956	36 195	275 429	2.4	-28.7
18 381	21 063	21 643	26 628	21 555	23 132	219 097	3.0	2.6
49 857	66 460	68 642	84 804	60 368	65 984	654 142	5.7	-25.8
191 442	**245 357**	**275 206**	**336 298**	**272 431**	**229 149**	**2 597 606**	**22.8**	**-8.1**
21 639	25 508	27 980	37 057	30 418	24 555	288 326	2.5	-15.9
10 743	13 631	15 443	21 898	16 705	15 040	156 063	1.4	-29.7
15 494	19 603	22 430	31 134	25 254	17 886	222 022	1.9	-21.2
5 039	5 007	6 309	10 387	8 484	6 063	65 834	0.6	-28.2
1 584	1 990	2 702	3 136	2 655	2 070	23 702	0.2	-26.5
2 572	4 055	4 924	7 352	5 667	5 055	50 043	0.4	-20.3
5 570	5 561	7 488	9 933	7 106	5 830	67 921	0.6	-32.4
104 577	140 877	154 764	167 673	140 677	122 263	1 380 650	12.1	8.6
24 224	29 125	33 166	47 728	35 465	30 387	343 045	3.0	-18.3
85 180	**109 132**	**115 524**	**146 517**	**121 073**	**112 847**	**1 132 937**	**9.9**	**-24.9**
61 909	80 713	87 017	108 334	88 717	80 367	822 511	7.2	-26.6
17 440	21 138	21 131	27 110	24 677	24 721	230 326	2.0	-20.9
5 831	7 281	7 376	11 073	7 679	7 759	80 100	0.7	-17.5
21 068	**26 757**	**33 771**	**34 418**	**30 475**	**34 378**	**300 113**	**2.6**	**-15.1**
16 886	21 603	27 919	28 313	25 139	28 731	245 417	2.2	-15.8
3 230	4 106	4 897	5 117	4 405	4 730	43 428	0.4	-13.5
952	1 048	955	988	931	917	11 268	0.1	-7.5
7 905	**10 545**	**11 313**	**15 915**	**8 825**	**9 901**	**104 226**	**0.9**	**5.8**
90	**231**	**210**	**260**	**406**	**364**	**2 990**	**0.0**	**-63.2**

1－7　1999～2003 年入境外国旅游者人数(按国籍分)

ANNUAL FOREIGN VISITOR ARRIVALS BY NATIONALITY 1999—2003

单　位:人

UNIT:PERSON

国　　籍 NATIONALITY	1999 年 1999	2000 年 2000	2001 年 2001	2002 年 2002	2003 年 2003
总　　计 TOTAL	**8 432 296**	**10 160 432**	**11 226 384**	**13 439 497**	**11 402 855**
亚　　洲 ASIA	**5 107 321**	**6 224 716**	**6 982 361**	**8 643 800**	**7 264 983**
日　　本 JAPAN	1 855 197	2 201 528	2 385 700	2 925 553	2 254 800
韩　　国 KOREA	991 979	1 344 721	1 678 836	2 124 310	1 945 484
蒙　　古 MONGOLIA	354 459	399 110	387 057	453 126	418 257
印度尼西亚 INDONESIA	182 904	220 554	224 177	274 717	231 838
马 来 西 亚 MALAYSIA	372 870	441 010	468 613	592 447	430 137
菲　律　宾 PHILIPPINES	298 285	363 852	407 990	508 572	457 725
新　加　坡 SINGAPORE	352 479	399 377	415 047	497 149	378 074
泰　　国 THAILAND	206 424	241 074	298 417	386 328	275 429
印　　度 INDIA	84 203	120 930	159 361	213 611	219 097
其　　他 OTHERS	408 521	492 560	557 163	667 987	654 142
欧　　洲 EUROPE	**1 998 043**	**2 367 353**	**2 567 272**	**2 825 800**	**2 597 606**
英　　国 UNITED KINGDOM	258 894	283 877	302 527	342 967	288 326
法　　国 FRANCE	155 640	184 964	199 523	222 135	156 063
德　　国 GERMANY	217 632	239 062	253 354	281 835	222 022
意　大　利 ITALY	72 216	77 840	77 684	91 711	65 834
瑞　　士 SWITZERLAND	29 913	30 743	30 816	32 239	23 702
瑞　　典 SWEDEN	46 788	53 570	52 807	62 811	50 043
荷　　兰 NETHERLANDS	70 064	75 978	92 953	100 405	67 921
俄　罗　斯 RUSSIA	832 995	1 080 209	1 196 175	1 271 635	1 380 650
其　　他 OTHERS	313 901	341 110	361 433	420 062	343 045
美　　洲 AMERICA	**1 025 996**	**1 217 091**	**1 278 383**	**1 509 574**	**1 132 937**
美　　国 U.S.A.	736 386	896 180	949 161	1 121 197	822 511
加　拿　大 CANADA	213 699	236 556	253 876	291 329	230 326
其　　他 OTHERS	75 911	84 355	75 346	97 048	80 100
大　洋　洲 OCEANIA	**243 774**	**282 378**	**310 207**	**353 683**	**300 113**
澳 大 利 亚 AUSTRALIA	203 539	234 102	255 096	291 303	245 417
新　西　兰 NEW ZEALAND	31 440	37 595	44 350	50 198	43 428
其　　他 OTHERS	8 795	10 681	10 761	12 182	11 268
非　　洲 AFRICA	**52 101**	**65 658**	**73 263**	**98 525**	**104 226**
其　　他 OTHERS	**5 061**	**3 236**	**14 898**	**8 115**	**2 990**

资料来源:公安部

SOURCE:MINISTRY OF PUBLIC SECURITY

二、入境外国旅游者主要特征

2. MAJOR PROFILE OF FOREIGN VISITOR ARRIVALS

2-1 2002～2003年入境外国旅游者人数
(按年龄、性别、目的和入境方式分)
FOREIGN VISITOR ARRIVALS BY AGE,SEX, PURPOSE & MODE OF TRANSPORT 2002—2003

单　位:人
UNIT:PERSON

项　　目	ITEM	2003年 2003	占总人数比重(%) P.C.TOTAL	2002年 2002	占总人数比重(%) P.C.TOTAL
总　　计	**TOTAL**	**11 402 855**	**100.0**	**13 439 497**	**100.0**
14岁及以下	UNDER 14	377 166	3.3	481 620	3.6
15～24岁	15-24	867 176	7.6	1 017 723	7.6
25～44岁	25-44	5 913 208	51.9	6 512 829	48.5
45～65岁	45-65	3 808 012	33.4	4 649 567	34.6
65岁及以上	OVER 65	437 293	3.8	777 758	5.8
男	MALE	7 785 779	68.3	8 775 115	65.3
女	FEMALE	3 617 076	31.7	4 664 382	34.7
会议/商务	MEETING/BUSINESS	2 902 025	25.4	3 220 442	24.0
观光休闲	SIGHTSEEING/LEISURE	4 306 737	37.8	5 560 464	41.4
探亲访友	VISITING RELATIVES & FRIENDS	247 302	2.2	412 507	3.1
服务员工	WORKER & CREW	1 525 110	13.4	1 533 262	11.4
其他	OTHERS	2 421 681	21.2	2 712 822	20.2
船舶	SEA	1 554 560	13.6	1 708 524	12.7
飞机	AIR	5 937 027	52.1	7 567 695	56.3
火车	RAIL	439 797	3.9	497 308	3.7
汽车	MOTOR	2 027 358	17.8	1 984 005	14.8
徒步	FOOT	1 444 113	12.7	1 681 965	12.5

资料来源:公安部
SOURCE:MINISTRY OF PUBLIC SECURITY

2-2 2003年各月入境外国
MONTHLY FOREIGN VISITOR

月 份 MONTH	合 计 TOTAL	会议/商务 MEETING/ BUSINESS
全 年 **WHOLE YEAR**	**11 402 855**	**2 902 025**
一 月 JAN.	1 033 340	226 605
二 月 FEB.	1 042 620	218 929
三 月 MAR.	1 138 854	263 411
四 月 APR.	561 619	156 881
五 月 MAY	337 267	96 613
六 月 JUNE	516 524	162 446
七 月 JULY	833 566	252 709
八 月 AUG.	1 098 067	273 496
九 月 SEP.	1 147 495	296 137
十 月 OCT.	1 356 640	372 779
十一月 NOV.	1 192 474	304 395
十二月 DEC.	1 144 389	277 624

资料来源:公安部
SOURCE:MINISTRY OF PUBLIC SECURITY

旅游者人数(按目的分)

ARRIVALS BY PURPOSE 2003

单　位:人
UNIT:PERSON

观光休闲 SIGHTSEEING/ LEISURE	探亲访友 VISITING RELATIVES & FRIENDS	服务员工 WORKER & CREW	其他 OTHERS
4 306 737	**247 302**	**1 525 110**	**2 421 681**
406 478	25 533	130 806	243 918
432 826	20 355	119 189	251 321
470 618	22 481	138 002	244 342
168 921	9 165	128 852	97 800
69 670	4 219	95 734	71 031
120 920	9 571	103 057	120 530
259 845	20 744	112 695	187 573
413 487	25 253	137 038	248 793
451 712	27 038	139 354	233 254
556 678	27 142	141 617	258 424
492 393	24 374	135 084	236 228
463 189	31 427	143 682	228 467

2-3 2003年各月入境外国旅游者人数
(按年龄和性别分)
MONTHLY FOREIGN VISITOR ARRIVALS BY AGE & SEX 2003

单位:人
UNIT:PERSON

月份 MONTH	合计 TOTAL	年龄 AGE 14岁及以下 UNDER 14	15~24岁 15-24	25~44岁 25-44	45~64岁 45-64	65岁及以上 OVER 65	性别 SEX 男 MALE	女 FEMALE
全年 WHOLE YEAR	**11 402 855**	**377 166**	**867 176**	**5 913 208**	**3 808 012**	**437 293**	**7 785 779**	**3 617 076**
一月 JAN.	1 033 340	47 711	77 073	533 031	339 402	36 123	691 689	341 651
二月 FEB.	1 042 620	37 694	94 399	507 540	355 835	47 152	692 622	349 998
三月 MAR.	1 138 854	28 545	82 776	556 408	401 252	69 873	759 122	379 732
四月 APR.	561 619	9 671	42 781	313 903	177 806	17 458	389 883	171 736
五月 MAY	337 267	6 937	23 109	201 394	101 269	4 558	260 424	76 843
六月 JUNE	516 524	12 235	40 833	297 756	157 565	8 135	384 050	132 474
七月 JULY	833 566	35 293	64 554	450 619	264 932	18 168	597 312	236 254
八月 AUG.	1 098 067	57 647	103 537	562 585	343 901	30 397	736 572	361 495
九月 SEP.	1 147 495	27 175	85 183	582 275	398 767	54 095	775 857	371 638
十月 OCT.	1 356 640	31 413	84 218	694 209	481 742	65 058	923 022	433 618
十一月 NOV.	1 192 474	31 891	75 396	613 566	420 569	51 052	807 888	384 586
十二月 DEC.	1 144 389	50 954	93 317	599 922	364 972	35 224	767 338	377 051

资料来源:公安部
SOURCE:MINISTRY OF PUBLIC SECURITY

2-4　2003年各月入境外国旅游者人数(按入境方式分)
MONTHLY FOREIGN VISITOR ARRIVALS BY MODE OF TRANSPORT 2003

单　位:人
UNIT:PERSON

月　份 MONTH	总　计 TOTAL	船舶 SEA	飞机 AIR	火车 RAIL	汽车 MOTOR	徒步 FOOT
全　年 **WHOLE YEAR**	**11 402 855**	**1 554 560**	**5 937 027**	**439 797**	**2 027 358**	**1 444 113**
一　月　JAN.	1 033 340	134 501	548 429	37 598	168 747	144 065
二　月　FEB.	1 042 620	126 609	626 836	30 798	134 400	123 977
三　月　MAR.	1 138 854	132 459	650 045	39 612	189 590	127 148
四　月　APR.	561 619	104 994	229 589	24 855	142 950	59 231
五　月　MAY	337 267	86 898	114 953	15 677	60 356	59 383
六　月　JUNE	516 524	108 669	191 604	20 024	114 385	81 842
七　月　JULY	833 566	123 047	399 162	30 135	163 037	118 185
八　月　AUG.	1 098 067	152 344	574 206	41 213	196 279	134 025
九　月　SEP.	1 147 495	146 618	611 847	44 488	207 201	137 341
十　月　OCT.	1 356 640	155 095	743 733	63 954	242 226	151 632
十一月　NOV.	1 192 474	140 843	640 764	48 055	211 507	151 305
十二月　DEC.	1 144 389	142 483	605 859	43 388	196 680	155 979

资料来源:公安部
SOURCE:MINISTRY OF PUBLIC SECURITY

2-5 2003年入境外国旅游
FOREIGN VISITOR ARRIVALS

国籍 NATIONALITY	合计 TOTAL	会议/商务 MEETING/BUSINESS
总计 TOTAL	**11 402 855**	**2 902 025**
亚洲 ASIA	**7 264 983**	**1 801 074**
日本 JAPAN	2 254 800	664 082
韩国 KOREA	1 945 484	629 221
蒙古 MONGOLIA	418 257	46 498
印度尼西亚 INDONESIA	231 838	23 779
马来西亚 MALAYSIA	430 137	68 150
菲律宾 PHILIPPINES	457 725	26 176
新加坡 SINGAPORE	378 074	74 182
泰国 THAILAND	275 429	25 497
印度 INDIA	219 097	61 232
其他 OTHERS	654 142	182 257
欧洲 EUROPE	**2 597 606**	**735 381**
英国 UNITE KINGDOM	288 326	80 621
法国 FRANCE	156 063	38 017
德国 GERMANY	222 022	64 060
意大利 ITALY	65 834	24 455
瑞士 SWITZERLAND	23 702	7 227
瑞典 SWEDEN	50 043	11 694
荷兰 NETHERLANDS	67 921	16 432
俄罗斯 RUSSIA	1 380 650	421 934
其他 OTHERS	343 045	70 941
美洲 AMERICA	**1 132 937**	**265 112**
美国 U.S.A.	822 511	197 702
加拿大 CANADA	230 326	49 192
其他 OTHERS	80 100	18 218
大洋洲 OCEANIA	**300 113**	**64 370**
澳大利亚 AUSTRALIA	245 417	53 735
新西兰 NEW ZEALAND	43 428	9 293
其他 OTHERS	11 268	1 342
非洲 AFRICA	**104 226**	**35 324**
其他 OTHERS	**2 990**	**764**

资料来源:公安部

SOURCE:MINISTRY OF PUBLIC SECURITY

者人数(按国籍和目的分)
BY NATIONALITY & PURPOSE 2003

单 位:人
UNIT:PERSON

观光休闲 SIGHTSEEING/ LEISURE	探亲访友 VISITING RELATIVES & FRIENDS	服务员工 WORKER & CREW	其 他 OTHERS
4 306 737	**247 302**	**1 525 110**	**2 421 681**
2 643 196	**113 398**	**1 043 490**	**1 663 825**
970 528	26 270	99 136	494 784
761 464	32 990	185 419	336 390
17 598	545	69 691	283 925
98 197	7 187	47 100	55 575
213 886	11 531	43 755	92 815
98 175	3 614	267 216	62 544
168 418	15 615	24 267	95 592
139 749	8 117	43 639	58 427
58 547	1 373	46 662	51 283
116 634	6 156	216 605	132 490
1 083 905	**30 023**	**411 746**	**336 551**
111 165	7 041	14 854	74 645
57 477	5 123	11 898	43 548
78 050	5 163	20 737	54 012
21 456	1 017	3 426	15 480
8 819	711	1 187	5 758
18 473	1 788	5 040	13 048
24 679	2 262	7 073	17 475
674 494	1 023	255 453	27 746
89 292	5 895	92 078	84 839
435 462	**81 021**	**44 073**	**307 269**
328 913	58 826	28 425	208 645
83 818	18 560	8 324	70 432
22 731	3 635	7 324	28 192
116 613	**20 398**	**18 277**	**80 455**
98 710	16 759	12 788	63 425
16 044	3 280	1 761	13 050
1 859	359	3 728	3 980
27 136	**1 788**	**7 202**	**32 776**
425	**674**	**322**	**805**

2－6 2003年入境外国旅游

FOREIGN VISITOR ARRIVALS

国籍 NATIONALITY	合计 TOTAL	年龄 14岁及以下 UNDER 14	15~24岁 15－24
总计 TOTAL	**11 402 855**	**377 166**	**867 176**
亚洲 ASIA	**7 264 983**	**214 458**	**515 103**
日本 JAPAN	2 254 800	48 058	92 022
韩国 KOREA	1 945 484	88 153	140 723
蒙古 MONGOLIA	418 257	5 368	47 614
印度尼西亚 INDONESIA	231 838	8 031	31 178
马来西亚 MALAYSIA	430 137	18 172	28 907
菲律宾 PHILIPPINES	457 725	7 059	42 373
新加坡 SINGAPORE	378 074	17 586	14 480
泰国 THAILAND	275 429	10 078	21 394
印度 INDIA	219 097	3 881	32 446
其他 OTHERS	654 142	8 072	63 966
欧洲 EUROPE	**2 597 606**	**57 721**	**267 977**
英国 UNITED KINGDOM	288 326	9 405	15 829
法国 FRANCE	156 063	7 532	9 264
德国 GERMANY	222 022	5 829	9 092
意大利 ITALY	65 834	980	1 945
瑞士 SWITZERLAND	23 702	834	1 001
瑞典 SWEDEN	50 043	2 243	2 740
荷兰 NETHERLANDS	67 921	3 034	3 624
俄罗斯 RUSSIA	1 380 650	19 144	201 944
其他 OTHERS	343 045	8 720	22 538
美洲 AMERICA	**1 132 937**	**79 892**	**58 489**
美国 U.S.A.	822 511	53 994	39 486
加拿大 CANADA	230 326	18 833	12 104
其他 OTHERS	80 100	7 065	6 899
大洋洲 OCEANIA	**300 113**	**22 572**	**17 781**
澳大利亚 AUSTRALIA	245 417	18 244	14 673
新西兰 NEW ZEALAND	43 428	3 867	2 341
其他 OTHERS	12 182	549	711
非洲 AFRICA	**104 226**	**2 481**	**7 751**
其他 OTHERS	**2 990**	**42**	**75**

资料来源：公安部

SOURCE: MINISTRY OF PUBLIC SECURITY

者人数(按国籍、年龄和性别分)

BY NATIONALITY, AGE & SEX 2003

单　位:人

UNIT:PERSON

AGE			性　别　SEX	
25~44 岁 25－44	45~64 岁 45－64	65 岁及以上 OVER 65	男 MALE	女 FEMALE
5 913 208	**3 808 012**	**437 293**	**7 785 779**	**3 617 076**
3 829 294	**2 408 390**	**297 738**	**5 203 817**	**2 061 166**
1 016 812	954 527	143 381	1 765 176	489 624
962 397	679 256	74 955	1 375 960	569 524
297 010	66 038	2 227	205 260	212 997
115 243	66 463	10 923	132 834	99 004
234 231	131 976	16 851	274 240	155 897
313 654	88 548	6 091	337 707	120 018
189 279	138 531	18 198	255 215	122 859
141 028	87 386	15 543	135 989	139 440
139 153	41 640	1 977	198 379	20 718
420 487	154 025	7 592	523 057	131 085
1 400 794	**815 684**	**55 430**	**1 526 100**	**1 071 506**
141 560	110 352	11 180	210 871	77 455
80 779	53 075	5 413	110 193	45 870
115 547	82 220	9 334	169 933	52 089
35 002	25 963	1 944	55 326	10 508
11 193	9 757	917	18 209	5 493
23 569	19 346	2 145	34 779	15 264
35 764	23 540	1 959	48 481	19 440
767 259	377 148	15 155	617 565	763 085
190 121	114 283	7 383	260 743	82 302
462 684	**460 419**	**71 453**	**770 621**	**362 316**
319 747	354 443	54 841	567 813	254 698
102 209	84 062	13 118	149 704	80 622
40 728	21 914	3 494	53 104	26 996
148 468	**100 002**	**11 290**	**197 944**	**102 169**
116 921	85 683	9 896	162 307	83 110
23 791	12 165	1 264	27 973	15 455
8 323	2 314	285	8 268	3 914
70 440	**22 276**	**1 278**	**85 034**	**19 192**
1 528	**1 241**	**104**	**2 263**	**727**

2－7　2003年入境外国旅游者人数(按国籍和入境方式分)
FOREIGN VISITOR ARRIVALS BY NATIONALITY & MODE OF TRANSPORT 2003

单　位:人
UNIT:PERSON

国　　籍 NATIONALITY	总　计 TOTAL	船舶 SEA	飞机 AIR	火车 RAIL	汽车 MOTOR	徒步 FOOT
总　计 TOTAL	**11 402 855**	**1 554 560**	**5 937 027**	**439 797**	**2 027 358**	**1 444 113**
亚　洲 ASIA	**7 264 983**	**1 086 845**	**4 222 987**	**183 465**	**825 808**	**945 878**
日　本 JAPAN	2 254 800	213 821	1 631 229	31 748	139 981	238 021
韩　国 KOREA	1 945 484	319 015	1 451 661	7 855	67 675	99 278
蒙　古 MONGOLIA	418 257	285	24 465	55 910	323 578	14 019
印度尼西亚 INDONESIA	231 838	49 115	90 267	6 446	23 204	62 806
马来西亚 MALAYSIA	430 137	32 897	283 580	6 019	27 820	79 821
菲律宾 PHILIPPINES	457 725	271 328	53 827	3 868	25 625	103 077
新加坡 SINGAPORE	378 074	18 970	256 770	6 441	30 298	65 595
泰　国 THAILAND	275 429	17 786	187 683	2 047	18 659	49 254
印　度 INDIA	219 097	54 616	39 486	7 745	14 488	102 762
其　他 OTHERS	654 142	109 012	204 019	55 386	154 480	131 245
欧　洲 EUROPE	**2 597 606**	**319 837**	**869 589**	**191 994**	**1 039 417**	**176 769**
英　国 UNITED KINGDO	288 326	35 017	143 536	13 161	28 212	68 400
法　国 FRANCE	156 063	10 760	109 092	5 529	9 841	20 841
德　国 GERMANY	222 022	22 527	166 007	5 412	10 116	17 960
意大利 ITALY	65 834	7 249	44 123	2 737	4 774	6 951
瑞　士 SWITZERLAND	23 702	2 124	16 787	845	1 336	2 610
瑞　典 SWEDEN	50 043	5 155	37 261	1 611	2 390	3 626
荷　兰 NETHERLANDS	67 921	4 933	45 804	2 589	5 121	9 474
俄罗斯 RUSSIA	1 380 650	145 870	114 971	152 341	964 417	3 051
其　他 OTHERS	343 045	86 202	192 008	7 769	13 210	43 856
美　洲 AMERICA	**1 132 937**	**112 140**	**645 022**	**44 365**	**122 412**	**208 998**
美　国 U.S.A.	822 511	80 934	505 491	27 860	83 122	125 104
加拿大 CANADA	230 326	19 837	108 591	12 073	28 929	60 896
其　他 OTHERS	80 100	11 369	30 940	4 432	10 361	22 998
大洋洲 OCEANIA	**300 113**	**27 206**	**152 189**	**13 125**	**28 666**	**78 927**
澳大利亚 AUSTRALIA	245 417	19 945	130 903	10 558	22 304	61 707
新西兰 NEW ZEALAND	43 428	3 185	20 110	2 241	5 213	12 679
其　他 OTHERS	11 268	4 076	1 176	326	1 149	4 541
非　洲 AFRICA	**104 226**	**7 521**	**45 572**	**6 781**	**10 927**	**33 425**
其　他 OTHERS	**2 990**	**1 011**	**1 668**	**67**	**128**	**116**

资料来源:公安部
SOURCE:MINISTRY OF PUBLIC SECURITY

三、国际旅游(外汇)收入

3. INTERNATIONAL TOURISM RECEIPTS

3－1　1978～2003 年国际旅游(外汇)收入
INTERNATIONAL TOURISM RECEIPTS 1978—2003

年　　份 YEAR	国际旅游(外汇)收入 (亿美元) TOURISM RECEIPTS (100Mn. US$)	发展指数 (1978 年为 100) INDICES (1978＝100)	比上年增长 (%) GROWTH (%)
1978	2.63	100.00	-
1979	4.49	170.90	70.90
1980	6.17	234.60	37.30
1981	7.85	298.60	27.30
1982	8.43	320.70	7.40
1983	9.41	358.00	11.60
1984	11.31	430.30	20.20
1985	12.50	475.50	10.50
1986	15.31	582.30	22.50
1987	18.62	708.10	21.60
1988	22.47	854.60	20.70
1989	18.60	707.70	-17.20
1990	22.18	843.50	19.20
1991	28.45	1 082.10	28.30
1992	39.47	1 501.30	38.70
1993	46.83	1 781.40	18.70
1994	73.23	2 785.40	*
1995	87.33	3 321.70	19.25
1996	102.00	3 879.98	16.81
1997	120.74	4 592.67	18.37
1998	126.02	4 793.36	4.37
1999	140.99	5 362.70	11.88
2000	162.24	6 171.17	15.08
2001	177.92	6 767.59	9.67
2002	203.85	7 753.90	14.57
2003	174.06	6 620.82	-14.61

注：* 由于国家外汇管理体制变化，1994 年国际旅游(外汇)收入统计方法也做了相应的改革，采用了与国际接轨的办法，与往年不能简单对比。

NOTE: * BECAUSE OF THE REFORM IN THE FOREIGN CURRENCY CONTROL SYSTEM, THE METHOD OF CALCULATING TOURISM RECEIPTS IN 1994 HAS ALSO BEEN ADJUSTED AND THE INTERNATIONAL STANDARD IS ADOPTED. IT IS NOT PROPER TO MAKE SIMPLE COMPARISON WITH THE FIGURES OF PREVIOUS YEARS.

3-2 2003年国际旅游(外汇)收入构成
BREAKDOWN OF INTERNATIONAL TOURISM RECEIPTS 2003

单 位:亿美元
UNIT:100Mn. US $

	国际旅游收入 TOURISM RECEIPTS	占总收入比重(%) P.C. TOTAL
总 计 TOTAL	**174.06**	**100.0**
长途交通	44.38	25.5
LONG-DISTANCE TRANSPORTATION		
民 航 AIR	30.90	17.7
铁 路 RAIL	3.92	2.3
汽 车 MOTOR	7.37	4.2
轮 船 SEA	2.20	1.3
游 览 SIGHTSEEING	12.20	7.0
住 宿 ACCOMMODATION	21.64	12.4
餐 饮 FOOD & BEVERAGE	14.31	8.2
商品销售 SHOPPING	36.20	20.8
娱 乐 ENTERTAINMENT	13.02	7.5
邮电通讯 COMMUNICATION	6.18	3.5
市内交通 LOCAL TRANSPORTATION	7.86	4.5
其他服务 OTHERS	18.27	10.5

3-3 2003年各月国际旅游(外汇)收入
MONTHLY OF INTERNATIONAL TOURISM RECEIPTS 2003

单 位:万美元
UNIT:TEN THOUS. US $

月 份 MONTH	总 计 TOTAL	外国人 FOREIGNERS	香港同胞 HONG KONG SAR	澳门同胞 MACAO SAR	台湾同胞 TAIWAN PROVINCE
全 年 WHOLE YEAR	**1 740 613**	**764 496**	**539 133**	**198 509**	**238 475**
一 月 JAN.	159 254	69 827	49 814	19 919	19 693
二 月 FEB.	158 294	71 400	42 765	15 289	28 840
三 月 MAR.	160 375	77 413	45 133	16 286	21 543
四 月 APR.	89 867	33 679	32 610	14 147	9 431
五 月 MAY	70 208	18 867	34 901	12 439	4 000
六 月 JUNE	96 254	32 117	40 155	16 025	7 957
七 月 JULY	142 381	55 797	46 108	17 336	23 141
八 月 AUG.	171 725	74 346	52 500	18 588	26 291
九 月 SEP.	165 663	77 977	46 601	16 320	24 764
十 月 OCT.	186 889	93 901	48 474	16 907	27 608
十一月 NOV.	170 149	81 754	48 131	16 836	23 428
十二月 DEC.	169 555	77 418	51 941	18 417	21 779

3-4 2002～2003年主要城市国际旅游(外汇)收入
INTERNATIONAL TOURISM RECEIPTS BY MAJOR CITIES 2002—2003

单 位:万美元
UNIT:TEN THOUS. US $

城市名称 NAME OF CITY		2003年 2003	2002年 2002	增长(%) GROWTH(%)
北　京	BEIJING	190 355	311 454	-38.9
天　津	TIANJIN	32 947	34 238	-3.8
石家庄	SHIJIAZHUANG	845	2 489	-66.1
秦皇岛	QINHUANGDAO	3 386	6 841	-50.5
承　德	CHENGDE	1 940	3 950	-50.9
太　原	TAIYUAN	1 400	2 657	-47.3
大　同	DATONG	894	1 884	-52.6
呼和浩特	HOHHOT	355	578	-38.5
沈　阳	SHENYANG	11 102	13 702	-19.0
大　连	DALIAN	25 120	33 000	-23.9
长　春	CHANGCHUN	3 671	3 971	-7.6
吉　林	JILIN	493	526	-6.3
延　边	YANBIAN	2 330	3 219	-27.6
哈尔滨	HARBIN	6 066	7 572	-19.9
上　海	SHANGHAI	205 266	227 545	-9.8
南　京	NANJING	31 772	32 354	-1.8
无　锡	WUXI	15 916	14 763	7.8
苏　州	SUZHOU	28 959	27 848	4.0
南　通	NANTONG	7 972	6 885	15.8
连云港	LIANYUNGANG	1 757	925	90.0
杭　州	HANGZHOU	42 221	47 665	-11.4
宁　波	NINGBO	9 977	8 827	13.0
温　州	WENZHOU	4 770	4 973	-4.1
合　肥	HEFEI	2 151	2 713	-20.7
黄　山	HUANGSHAN	2 779	5 813	-52.2
福　州	FUZHOU	23 890	26 094	-8.4
厦　门	XIAMEN	30 153	38 340	-21.4
泉　州	QUANZHOU	30 116	32 399	-7.0

3－4(续1)

城市名称 NAME OF CITY		2003 年 2003	2002 年 2002	增长(%) GROWTH(%)
漳　州	ZHANGZHOU	1 033	2 600	-60.3
南　昌	NANCHANG	1 104	1 643	-32.8
九　江	JIUJIANG	987	1 161	-15.0
济　南	JINAN	2 396	3 606	-33.6
青　岛	QINGDAO	18 061	23 975	-24.7
烟　台	YANTAI	7 560	8 979	-15.8
威　海	WEIHAI	4 204	4 537	-7.3
郑　州	ZHENGZHOU	4 161	8 530	-51.2
洛　阳	LUOYANG	566	2 675	-78.8
武　汉	WUHAN	9 433	16 035	-41.2
长　沙	CHANGSHA	2 384	14 946	-84.1
广　州	GUANGZHOU	162 206	187 138	-13.3
深　圳	SHENZHEN	130 103	172 342	-24.5
珠　海	ZHUHAI	46 202	50 183	-7.9
汕　头	SHANTOU	9 137	9 632	-5.1
湛　江	ZHANJIANG	1 462	1 283	14.0
中　山	ZHONGSHAN	18 712	21 318	-12.2
南　宁	NANNING	890	1 476	-39.7
桂　林	GUILIN	10 939	22 619	-51.6
北　海	BEIHAI	280	791	-64.6
海　口	HAIKOU	2 073	2 152	-3.7
三　亚	SANYA	3 890	4 508	-13.7
重　庆	CHONGQING	11 323	21 802	-48.1
成　都	CHENGDU	10 079	14 403	-30.0
贵　阳	GUIYANG	806	3 437	-76.5
昆　明	KUNMING	11 325	18 080	-37.4
拉　萨	LHASA	798	2 553	-68.7
西　安	XI'AN	14 637	32 000	-54.3
兰　州	LANZHOU	411	1 339	-69.3
西　宁	XINING	306	509	-39.8
银　川	YINCHUAN	72	136	-47.2
乌鲁木齐	URUMQI	3 670	8 126	-54.8

3-5 2002～2003年各地区国际旅游(外汇)收入

INTERNATIONAL TOURISM RECEIPTS BY LOCALITY 2002—2003

单 位:万美元

UNIT:TEN THOUS. US $

地 区 LOCALITY		2003年 2003	按收入高低排列名次 POSITION	2002年 2002	按收入高低排列名次 POSITION	2003年比2002年增长(%) GROWTH(%)
北 京	BEIJING	190 355	3	311 454	2	-38.9
天 津	TIANJIN	32 947	10	34 238	11	-3.8
河 北	HEBEI	8 460	18	16 703	18	-4.94
山 西	SHANXI	3 627	26	7 484	26	-51.5
内蒙古	INNER MONGOLIA	13 845	15	14 935	19	-7.3
辽 宁	LIAONING	45 410	7	55 021	7	-17.5
吉 林	JILIN	6 639	21	8 629	24	-23.1
黑龙江	HEILONGJIANG	24 364	11	29 717	14	-18.0
上 海	SHANGHAI	205 266	2	227 545	3	-9.8
江 苏	JIANGSU	113 187	4	105 025	5	7.8
浙 江	ZHEJIANG	87 250	6	92 763	6	-5.9
安 徽	ANHUI	8 341	19	12 382	21	-32.6
福 建	FUJIAN	91 487	5	110 022	4	-16.8
江 西	JIANGXI	4 746	24	7 162	27	-33.7
山 东	SHANDONG	37 013	8	47 249	8	-21.7
河 南	HENAN	6 344	22	14 549	20	-56.4
湖 北	HUBEI	13 627	16	28 391	15	-52.0
湖 南	HUNAN	4 577	25	31 108	13	-85.3
广 东	GUANGDONG	426 693	1	509 089	1	-16.2
广 西	GUANGXI	16 434	13	32 144	12	-48.9
海 南	HAINAN	7 957	20	9 199	23	-13.5
重 庆	CHONGQING	11 323	17	21 802	16	-48.1
四 川	SICHUAN	14 959	14	20 021	17	-25.3
贵 州	GUIZHOU	2 894	27	7 951	25	-63.6
云 南	YUNNAN	34 014	9	41 930	9	-18.9
西 藏	TIBET	1 891	29	5 166	29	-63.4
陕 西	SHAANXI	19 843	12	35 097	10	-43.5
甘 肃	GANSU	2 117	28	5 431	28	-61.0
青 海	QINGHAI	473	30	999	30	-52.6
宁 夏	NINGXIA	84	31	161	31	-47.9
新 疆	XINJIANG	4 858	23	9 942	22	-51.1

3-6 2002年入境旅游者人均天消费情况(按地区分)
THE AVERAGE DAILY PER CAPITA EXPENDITURE BY INTERNATIONAL TOURISTS 2002

地区 LOCALITY	人均天花费 (美元/人天) (US$/NIGHT)	AVERAGE EXPENDITURE 外国人 FOREIGNERS	香港同胞 HONG KONG SAR	澳门同胞 MACAO SAR	台湾同胞 TAIWAN PROVINCE
北京 BEIJING	236.16	243.49	199.93	211.84	188.47
天津 TIANJIN	181.78	181.51	187.27	184.47	176.00
河北 HEBEI	135.32	134.48	138.53	150.83	135.61
山西 SHANXI	163.67	162.34	201.22	146.62	142.87
内蒙古 INNER MONGOLIA	164.44	163.65	171.49	209.18	165.85
辽宁 LIAONING	185.79	186.42	182.25	171.24	188.84
吉林 JILIN	161.20	157.94	169.83	170.63	176.13
黑龙江 HEILONGJIANG	175.64	175.84	174.29	176.76	173.38
上海 SHANGHAI	231.22	230.35	238.27	226.67	232.50
江苏 JIANGSU	197.16	195.76	206.11	193.11	196.58
浙江 ZHEJIANG	188.32	188.92	190.66	178.99	183.66
安徽 ANHUI	173.95	173.80	175.70	193.11	172.78
福建 FUJIAN	165.66	163.53	165.81	149.87	177.55
江西 JIANGXI	132.99	133.71	130.28	127.29	137.40
山东 SHANDONG	185.56	186.46	184.91	170.29	184.69
河南 HENAN	132.07	130.04	139.64	158.65	131.64
湖北 HUBEI	160.57	177.37	142.93	142.08	123.08
湖南 HUNAN	167.79	167.72	174.04	166.20	165.13
广东 GUANGDONG	135.51	146.60	120.16	126.06	138.00
广西 GUANGXI	159.77	158.94	168.41	161.71	159.05
海南 HAINAN	145.12	144.88	145.94	142.42	148.44
重庆 CHONGQING	170.83	169.87	172.34	172.98	173.42
四川 SICHUAN	165.47	165.78	169.80	168.12	160.96
贵州 GUIZHOU	160.19	159.05	160.85	164.40	161.77
云南 YUNNAN	170.22	166.95	175.93	176.98	179.77
西藏 TIBET	147.61	144.90	169.29	170.00	166.71
陕西 SHAANXI	174.98	174.08	180.95	202.50	187.49
甘肃 GANSU	155.20	155.27	154.89	155.00	155.29
青海 QINGHAI	126.32	127.10	125.45	125.00	125.00
宁夏 NINGXIA	124.64	123.64	132.83	140.00	135.41
新疆 XINJIANG	151.24	151.92	150.96	145.00	144.00

资料来源:2002年"入境旅游者在华花费情况抽样调查"

SOURCE:THE SAMPLING OF EXPENDITURES BY INTERNATIONAL TOURISTS IN CHINA 2002

3－7　2002年入境旅游者

BREAKDOWN OF THE AVERAGE DAILY PER CAPITA

地　区 LOCALITY		人均天消费(美元/人天) EXPENDITURE (US$/NIGHT)	人均天消费构成(%)		
			长途交通 LONG－DISTANCE TRANSPORTATION	游　览 SIGHTSEEING	住　宿 ACCOMMO-DATION
北　京	BEIJING	236.16	35.5	4.6	15.9
天　津	TIANJIN	181.78	39.2	5.8	13.6
河　北	HEBEI	135.32	20.6	6.0	12.8
山　西	SHANXI	163.67	35.7	5.3	11.6
内蒙古	INNER MONGOLIA	164.44	31.4	2.4	7.9
辽　宁	LIAONING	185.79	28.8	2.9	14.0
吉　林	JILIN	161.20	27.3	3.8	14.2
黑龙江	HEILONGJIANG	175.64	17.4	1.6	15.1
上　海	SHANGHAI	231.22	25.1	4.9	18.6
江　苏	JIANGSU	197.16	22.0	4.6	12.9
浙　江	ZHEJIANG	188.32	21.6	3.4	12.8
安　徽	ANHUI	173.95	19.9	7.1	14.3
福　建	FUJIAN	165.66	34.0	3.3	11.0
江　西	JIANGXI	132.99	31.5	4.8	12.7
山　东	SHANDONG	185.56	33.2	8.0	11.6
河　南	HENAN	132.07	25.6	4.8	14.2
湖　北	HUBEI	160.57	38.8	2.7	5.4
湖　南	HUNAN	167.79	30.0	8.8	12.0
广　东	GUANGDONG	135.51	35.6	9.7	17.4
广　西	GUANGXI	159.77	29.3	8.5	10.3
海　南	HAINAN	145.12	30.3	2.3	13.6
重　庆	CHONGQING	170.83	56.3	2.3	4.9
四　川	SICHUAN	165.47	36.6	3.7	10.9
贵　州	GUIZHOU	160.19	35.2	3.4	17.0
云　南	YUNNAN	170.22	36.3	4.2	9.5
西　藏	TIBET	147.61	25.9	4.2	14.8
陕　西	SHAANXI	174.98	22.0	3.4	13.7
甘　肃	GANSU	155.20	35.1	2.2	13.7
青　海	QINGHAI	126.32	39.9	7.3	13.6
宁　夏	NINGXIA	124.64	28.2	7.6	14.6
新　疆	XINJIANG	151.24	32.7	1.5	7.9

资料来源:2002年“入境旅游者在华花费情况抽样调查”

SOURCE:THE SAMPLING OF EXPENDITURES BY INTERNATIONAL TOURISTS IN CHINA 2002

人均天消费构成

EXPENDITURE BY INTERNATIONAL TOURISTS 2002

BREAKDOWN OF EXPENDITURE(%)					
餐 饮 FOOD & BEVERAGE	购 物 SHOPPING	娱 乐 ENTER-TAINMENT	邮电通讯 COMMU-NICATION	市内交通 LOCAL TRAN-SPORTATION	其他服务 OTHERS
8.2	20.5	4.1	4.4	2.8	4.0
7.1	15.0	7.5	3.5	2.9	5.4
9.4	18.5	7.6	8.1	2.1	14.9
8.5	16.8	4.2	4.5	2.1	11.3
5.6	38.6	2.6	6.1	1.2	4.2
11.3	16.1	6.2	2.7	2.2	15.8
12.0	21.0	6.2	4.7	1.2	9.6
8.5	37.9	2.7	3.8	1.3	11.7
10.0	17.1	7.8	2.7	2.8	11.0
11.2	28.9	7.0	3.7	2.5	7.2
10.0	30.6	6.0	4.5	1.6	9.5
10.0	26.1	5.9	4.2	2.3	10.2
8.6	17.0	6.4	3.5	1.8	14.4
7.5	16.7	5.6	3.3	3.9	14.0
9.9	18.8	5.4	4.1	3.5	5.5
8.5	26.3	7.6	5.8	2.6	4.6
8.3	24.4	4.9	4.5	2.9	8.1
6.1	20.1	5.5	5.1	3.1	9.3
8.4	9.4	9.9	2.0	2.1	5.5
10.1	23.8	3.0	3.6	2.8	8.6
3.6	27.6	4.5	6.7	1.4	10.0
5.6	16.4	3.5	2.7	1.5	6.8
8.8	22.9	6.1	5.0	1.3	4.7
12.2	14.7	6.6	3.2	0.9	6.8
5.5	23.4	3.4	3.8	2.4	11.5
10.2	17.9	7.0	8.0	2.3	9.7
10.0	30.0	2.8	3.5	2.2	12.4
10.8	22.0	4.0	5.0	0.7	6.5
7.5	13.6	3.6	4.2	6.3	4.0
7.0	16.8	7.5	2.1	1.8	14.4
8.6	36.3	3.0	2.4	1.0	6.6

3-8 2002年入境旅游者

(按年龄、性别、

THE AVERAGE DAILY PER CAPITA

BY AGE, SEX,

		人均天消费 (美元/人天) EXPENDITURE	外国人 FOREIGNERS
总 平 均	**AVERAGE TOTAL**	**140.09**	**147.72**
14岁及以下	UNDER 14	92.33	99.55
15～24岁	15-24	115.44	117.19
25～44岁	25-44	141.56	150.85
45～64岁	45-64	147.54	156.34
65岁及以上	OVER 65	132.43	140.22
男	MALE	144.72	155.12
女	FEMALE	131.23	134.41
政府工作人员	OFFICIAL	140.22	145.09
专业技术人员	PROFESSIONAL	139.72	147.67
职　员	CLERK	135.82	144.31
技工/工人	TECHNICIAN/WORKER	122.12	136.94
商贸人员	BUSINESSMAN	164.57	174.68
服务员/推销员	WAITER/SALESMAN	128.28	147.26
退休人员	RETIRED	126.22	129.96
家庭妇女	HOUSEWIFE	129.65	134.95
军　人	ARMYMAN	132.55	136.45
学　生	STUDENT	105.91	107.50
其　他	OTHERS	128.56	135.81
观光游览	SIGHTSEEING	137.43	137.83
休闲度假	LEISURE/HOLIDAY	131.32	136.65
探亲访友	VISITING RELATIVES & FRIENDS	118.05	153.67
商　务	BUSINESS	158.34	170.71
会　议	MEETING	172.38	171.61
宗教朝拜	RELIGION/PILGRIMAGE	149.55	162.45
文体科技交流	CULTURAL/SPORTS/ SCIENTIFIC EXCHANGE PROGRAMME	126.06	129.70
其　他	OTHERS	108.37	107.81

资料来源:2002年“入境旅游者花费情况抽样调查”

SOURCE: THE SAMPLING OF EXPENDITURES BY INTERNATIONAL TOURIST IN CHINA 2002

人均天消费情况

职业和目的分)

EXPENDITURE BY INTERNATIONAL TOURISTS

OCCUPATION & PURPOSE 2002

单位:美元/人天

UNIT:US $ /DAILY PER CAPITA

香港同胞 HONG KONG SAR	澳门同胞 MACAO SAR	台湾同胞 TAIWAN PROVINCE
111.19	**102.09**	**151.50**
44.26	—	149.89
106.53	80.86	126.97
110.03	101.57	157.36
117.62	113.54	149.24
98.85	81.11	136.61
111.16	108.82	151.19
111.28	93.17	152.17
125.00	114.92	144.53
110.91	109.22	143.77
107.47	78.36	151.98
80.28	101.64	152.84
133.19	150.75	158.12
88.14	65.38	149.18
101.68	75.49	144.09
105.60	94.41	149.46
—	31.33	—
97.30	73.19	114.71
94.32	103.17	167.18
126.89	105.41	154.15
103.59	102.90	167.19
67.41	62.49	132.03
122.77	156.62	145.50
170.24	138.43	198.19
48.56	110.84	188.03
110.76	63.14	96.35
99.57	57.83	151.61

四、国内旅游基本情况

4. STATISTICS OF DOMESTIC TOURISM

4－1　2003 年全国国内旅游基本情况

MAJOR STATISTICS OF DOMESTIC TOURISM 2003

	总人次数 (亿人次) DOMESTIC TRAVELERS(100Mn.)	* 出游率 (%) RATE (%)	总花费(亿元) DOMESTIC TOURISM EXPENDITURE (100Mn. RMB¥)	人均花费(元) AVERAGE EXPENDITURE PER CAPITA(RMB¥)
全国合计 **TOTAL**	**8.70**	**67.9**	**3 442.27**	**395.7**
城镇居民 URBAN RESIDENTS	3.51	100.5	2 404.08	684.9
农村农民 RURAL RESIDENTS	5.19	55.7	1 038.19	200.0
城镇居民 URBAN RESIDENTS	3.51	100.5	2 404.08	684.9
一季度 JAN.—MAR.	1.01	29.4	728.05	720.8
二季度 APR.—JUNE	0.57	16.4	274.75	482.0
三季度 JULY—SEP.	0.93	25.9	656.65	706.1
四季度 OCT.—DEC.	1.00	28.8	744.63	744.6

注：* 出游率指城镇居民或农村农民出游的人次数占其人口数的比重。

NOTE: * RATE IS THE RATIO THAT THE TOTAL AMOUNT OF THE URBAN CITIZENS OR THE RURAL HABITANTS COMPARES TO THE URBAN POPULATION OR THE RURAL POPULATION.

4-2 2003年城镇居民国内旅游情况(按城市分)
STATISTICS OF DOMESTIC TOURISM OF URBAN RESIDENTS BY MAJOR CITIES 2003

城 市	NAME OF CITY	人均花费(元) AVERAGE EXPENDITURE PER CAPITA	比上年增长(%) GROWTH (%)	出游率(%) RATE (%)	比上年增长(%) GROWTH (%)
总平均	**AVERAGE TOTAL**	**684.9**	**-7.4**	**100.5**	**-12.8**
北京	BEIJING	596.8	-2.9	205.7	14.6
天津	TIANJIN	646.9	-7.1	142.6	-18.7
石家庄	SHIJIAZHUANG	611.0	-8.4	84.9	-26.2
太原	TAIYUAN	805.0	55.6	46.1	-43.3
呼和浩特	HOHHOT	698.1	-19.0	84.2	18.4
沈阳	SHENYANG	371.6	-6.4	106.5	-20.8
大连	DALIAN	336.3	-17.1	111.0	-4.4
长春	CHANGCHUN	1 573.5	-14.5	48.8	-30.1
哈尔滨	HARBIN	1 321.5	-46.7	63.7	6.8
上海	SHANGHAI	1 262.1	76.9	266.0	182.6
南京	NANJING	785.2	-16.5	49.6	-31.7
无锡	WUXI	859.7	-5.6	72.1	-28.4
苏州	SUZHOU	486.4	-65.3	94.1	-20.0
杭州	HANGZHOU	433.1	-41.1	132.2	-8.1
宁波	NINGBO	627.1	-18.9	111.6	-7.8
合肥	HEFEI	726.0	-1.4	70.8	-19.9
福州	FUZHOU	569.3	28.8	75.8	-38.4
厦门	XIAMEN	534.7	-10.7	92.8	-14.7
南昌	NANCHANG	1 164.6	25.6	41.7	-35.1
济南	JINAN	562.1	-14.9	99.2	-3.1
青岛	QINGDAO	641.6	-0.6	125.4	-22.8
郑州	ZHENGZHOU	477.5	-32.8	69.0	-13.1
武汉	WUHAN	1 030.7	-25.0	76.0	-24.4
长沙	CHANGSHA	977.5	17.6	75.2	1.2
广州	GUANGZHOU	736.9	2.4	122.7	16.2
深圳	SHENZHEN	1 632.4	12.1	126.4	-21.3
珠海	ZHUHAI	837.8	-37.4	90.9	-22.6
南宁	NANNING	834.5	24.6	87.2	-18.6
桂林	GUILIN	630.0	-33.1	113.8	19.4
海口	HAIKOU	622.5	-36.6	86.1	-8.8
重庆	CHONGQING	614.3	7.3	130.8	-3.4
成都	CHENGDU	344.4	36.9	152.8	-16.6
贵阳	GUIYANG	532.0	-4.6	157.9	12.2
昆明	KUNMING	523.8	8.0	133.6	1.5
西安	XI'AN	454.8	5.2	121.0	-36.8
兰州	LANZHOU	756.8	-16.1	114.0	12.4
西宁	XINING	2 820.8	81.7	31.3	-47.9
银川	YINCHUAN	1 247.0	12.0	51.1	-56.7
乌鲁木齐	URUMQI	1 745.9	-56.2	44.0	-33.2

资料来源:2003年"城镇居民国内旅游抽样调查"

SOURCE: THE 2003 SAMPLING OF DOMESTIC TOURISM IN CHINA

4－3　2003年城镇居民出游情况(按性别、年龄分)

DOMESTIC TOURISM OF URBAN RESIDENTS BY SEX & AGE 2003

城　市 NAME OF CITY		合计 TOTAL (%)	性别 SEX (%)		年龄 AGE (%)				
			男 MALE	女 FEMALE	65岁及以上 OVER 65	45～64岁 45－64	25～44岁 25－44	15～24岁 15－24	14岁及以下 UNDER 14
总平均	**AVERAGE TOTAL**	**100.0**	**45.8**	**54.2**	**7.2**	**40.8**	**35.4**	**10.3**	**6.3**
北　京	BEIJING	100.0	45.2	54.8	9.4	49.4	26.2	10.4	4.6
天　津	TIANJIN	100.0	48.5	51.5	6.8	40.0	32.8	14.1	6.3
石家庄	SHIJIAZHUANG	100.0	53.0	47.0	6.6	45.7	36.7	4.8	6.2
太　原	TAIYUAN	100.0	41.7	58.3	8.6	28.3	48.0	7.0	8.1
呼和浩特	HOHHOT	100.0	45.4	54.6	3.4	33.5	46.1	6.2	10.8
沈　阳	SHENYANG	100.0	38.7	61.3	3.9	47.4	29.6	13.7	5.4
大　连	DALIAN	100.0	39.1	60.9	3.7	44.7	37.7	7.9	6.0
长　春	CHANGCHUN	100.0	53.8	46.2	2.1	25.2	68.1	1.0	3.6
哈尔滨	HARBIN	100.0	41.0	59.0	6.4	44.8	44.3	3.7	0.8
上　海	SHANGHAI	100.0	52.4	47.6	8.2	42.7	34.4	9.6	5.1
南　京	NANJING	100.0	45.6	54.4	13.0	29.3	32.6	15.2	9.9
无　锡	WUXI	100.0	51.1	48.9	20.0	28.8	40.0	8.8	2.4
苏　州	SUZHOU	100.0	44.1	55.9	38.2	32.3	16.1	8.8	4.6
杭　州	HANGZHOU	100.0	45.9	54.1	2.3	56.4	30.2	7.8	3.3
宁　波	NINGBO	100.0	48.1	51.9	7.3	32.9	38.2	13.6	8.0
合　肥	HEFEI	100.0	57.9	42.1	7.1	23.0	55.5	3.9	10.5
福　州	FUZHOU	100.0	51.0	49.0	6.1	43.8	30.1	13.7	6.3
厦　门	XIAMEN	100.0	43.0	57.0	5.2	47.0	37.2	7.5	3.1
南　昌	NANCHANG	100.0	36.0	64.0	11.4	57.3	24.5	6.8	—
济　南	JINAN	100.0	49.3	50.7	1.3	30.7	40.7	15.3	12.0
青　岛	QINGDAO	100.0	43.6	56.4	2.2	41.3	42.2	6.8	7.5
郑　州	ZHENGZHOU	100.0	47.0	53.0	14.8	30.3	36.1	7.7	11.1
武　汉	WUHAN	100.0	43.0	57.0	4.9	44.1	32.6	11.2	7.2
长　沙	CHANGSHA	100.0	48.1	51.9	2.7	48.1	32.4	12.9	3.9
广　州	GUANGZHOU	100.0	44.2	55.8	6.3	34.3	36.1	9.2	14.1
深　圳	SHENZHEN	100.0	51.0	49.0	4.5	29.4	50.5	11.6	4.0
珠　海	ZHUHAI	100.0	40.0	60.0	1.2	32.5	52.5	7.5	6.3
南　宁	NANNING	100.0	45.8	54.2	3.8	28.6	43.9	10.1	13.6
桂　林	GUILIN	100.0	24.5	75.5	1.6	34.4	36.0	22.9	5.1
海　口	HAIKOU	100.0	50.0	50.0	21.7	23.9	47.8	4.3	2.3
重　庆	CHONGQING	100.0	39.7	60.3	4.2	39.7	38.7	10.8	6.6
成　都	CHENGDU	100.0	49.7	50.3	12.2	47.4	27.3	7.7	5.4
贵　阳	GUIYANG	100.0	45.4	54.6	9.3	27.4	42.3	11.8	9.2
昆　明	KUNMING	100.0	46.1	53.9	13.6	40.5	34.0	8.7	3.2
西　安	XI'AN	100.0	51.2	48.8	12.8	38.3	31.6	10.7	6.6
兰　州	LANZHOU	100.0	51.9	48.1	6.5	40.3	31.0	16.7	5.5
西　宁	XINING	100.0	50.0	50.0	9.0	54.5	36.5	—	—
银　川	YINCHUAN	100.0	45.4	54.6	6.6	33.0	55.3	2.4	2.7
乌鲁木齐	URUMQI	100.0	41.8	58.2	2.3	29.0	54.6	10.4	3.7

资料来源:2003年"城镇居民国内旅游抽样调查"
SOURCE: THE 2003 SAMPLING OF DOMESTIC TOURISM IN CHINA

4-4 2003年城镇居民出游

DOMESTIC TOURISM EXPENDITURE

城 市 NAME OF CITY	性别 SEX		
	男 MALE	女 FEMALE	65岁及以上 OVER 65
总 平 均 AVERAGE TOTAL	767.7	674.0	576.3
北 京 BEIJING	792.4	504.8	423.3
天 津 TIANJIN	703.1	680.7	700.2
石家庄 SHIJIAZHUANG	753.8	602.3	822.9
太 原 TAIYUAN	602.3	700.7	655.0
呼和浩特 HOHHOT	996.5	697.9	1 586.7
沈 阳 SHENYANG	437.5	326.8	457.5
大 连 DALIAN	376.5	230.9	179.8
长 春 CHANGCHUN	1 449.8	2 032.1	46.0
哈尔滨 HARBIN	1 548.9	1 150.7	1 240.8
上 海 SHANGHAI	1 266.1	1 163.0	1 395.0
南 京 NANJING	891.9	977.9	1 081.6
无 锡 WUXI	1 670.3	1 423.1	293.5
苏 州 SUZHOU	651.6	693.2	783.8
杭 州 HANGZHOU	560.0	548.8	705.6
宁 波 NINGBO	909.5	756.8	682.9
合 肥 HEFEI	933.9	812.8	1 038.7
福 州 FUZHOU	467.2	673.7	259.3
厦 门 XIAMEN	593.7	713.7	184.9
南 昌 NANCHANG	1 973.7	1 302.0	2 195.8
济 南 JINAN	424.7	560.9	415.3
青 岛 QINGDAO	725.8	735.2	162.8
郑 州 ZHENGZHOU	652.3	703.4	436.9
武 汉 WUHAN	828.2	748.6	572.5
长 沙 CHANGSHA	1 406.5	1 382.4	685.3
广 州 GUANGZHOU	823.3	645.2	492.5
深 圳 SHENZHEN	1 393.2	1 876.7	1 040.3
珠 海 ZHUHAI	737.4	814.4	396.5
南 宁 NANNING	940.0	906.2	995.8
桂 林 GUILIN	850.9	723.6	50.6
海 口 HAIKOU	561.2	749.2	211.2
重 庆 CHONGQING	883.8	626.6	574.2
成 都 CHENGDU	369.7	241.1	144.7
贵 阳 GUIYANG	491.9	509.2	350.2
昆 明 KUNMING	803.0	839.4	616.4
西 安 XI'AN	494.8	565.9	568.5
兰 州 LANZHOU	820.6	628.2	735.2
西 宁 XINING	2 877.3	2 076.4	1 650.0
银 川 YINCHUAN	1 497.6	1 462.6	880.8
乌鲁木齐 URUMQI	668.5	561.4	1 441.0

资料来源:2003年"城镇居民国内旅游抽样调查"

SOURCE: THE 2003 SAMPLING OF DOMESTIC TOURISM IN CHINA

花费情况(按性别、年龄分)

OF URBAN RESIDENTS BY SEX & AGE 2003

单位:元/人 UNIT:RMB¥/PERSON

年龄 AGE			
45～64 岁 45-64	25～44 岁 25-44	15～24 岁 15-24	14 岁及以下 UNDER 14
696.3	**844.4**	**642.6**	**406.6**
603.4	897.3	412.6	400.7
618.8	852.5	713.7	230.2
799.2	597.9	301.3	464.2
467.6	720.0	733.7	949.7
774.1	899.4	751.5	532.9
352.8	404.4	325.9	376.7
275.3	347.4	234.7	140.6
2 532.8	1 548.6	1 320.0	203.1
1 359.5	1 296.0	1 102.6	1 430.0
1 095.5	1 433.5	1 153.3	565.1
915.2	995.3	879.8	721.0
3 486.9	988.5	795.6	780.0
336.3	1 220.1	515.6	651.5
584.4	450.8	753.6	382.8
847.2	984.6	754.0	279.0
947.8	907.6	1 067.1	427.0
642.5	575.8	610.8	213.9
494.0	911.5	765.5	741.8
1 046.8	1 788.7	3 840.1	—
581.2	495.3	471.4	297.7
616.1	975.8	706.4	178.5
971.6	559.6	1 130.7	291.1
884.8	766.2	770.6	392.4
1 266.8	1 808.0	1 110.7	1 029.1
624.9	1 027.8	429.0	482.1
1 965.3	1 619.3	1 106.8	1 459.4
783.8	878.5	596.1	316.0
914.0	869.4	1 571.9	593.2
1 041.1	669.6	533.5	645.7
699.7	802.9	449.6	1 766.6
616.7	900.1	838.3	301.1
291.5	421.2	254.7	271.3
674.3	498.9	463.8	192.4
926.2	780.5	868.3	701.3
434.5	561.4	859.7	310.8
821.6	790.6	538.5	233.1
2 199.8	3 099.1	—	—
1 568.2	1 512.2	1 715.4	886.6
467.8	655.8	488.0	781.0

4-5 2003年城镇居民

DOMESTIC TOURISM OF URBAN

城市 NAME OF CITY		合计 TOTAL (%)	按出游目的分(%)	
			观光游览 SIGHTSEEING	探亲访友 VISITING RELATIVES & FRIENDS
总平均	**AVERAGE TOTAL**	**100.0**	**41.7**	**25.2**
北京	BEIJING	100.0	46.6	16.5
天津	TIANJIN	100.0	46.1	30.2
石家庄	SHIJIAZHUANG	100.0	46.9	39.7
太原	TAIYUAN	100.0	50.3	32.2
呼和浩特	HOHHOT	100.0	41.9	44.0
沈阳	SHENYANG	100.0	47.6	12.4
大连	DALIAN	100.0	30.5	23.5
长春	CHANGCHUN	100.0	18.6	31.8
哈尔滨	HARBIN	100.0	27.5	30.8
上海	SHANGHAI	100.0	59.3	16.1
南京	NANJING	100.0	63.0	36.0
无锡	WUXI	100.0	68.8	15.5
苏州	SUZHOU	100.0	39.7	44.1
杭州	HANGZHOU	100.0	49.3	31.2
宁波	NINGBO	100.0	67.0	20.4
合肥	HEFEI	100.0	41.2	27.7
福州	FUZHOU	100.0	40.3	19.8
厦门	XIAMEN	100.0	31.9	35.4
南昌	NANCHANG	100.0	37.7	24.5
济南	JINAN	100.0	47.5	19.9
青岛	QINGDAO	100.0	36.3	21.3
郑州	ZHENGZHOU	100.0	49.6	33.5
武汉	WUHAN	100.0	35.8	29.0
长沙	CHANGSHA	100.0	42.5	36.1
广州	GUANGZHOU	100.0	72.9	10.7
深圳	SHENZHEN	100.0	39.7	34.0
珠海	ZHUHAI	100.0	40.0	45.0
南宁	NANNING	100.0	50.3	28.6
桂林	GUILIN	100.0	44.2	21.3
海口	HAIKOU	100.0	23.9	43.4
重庆	CHONGQING	100.0	40.8	25.0
成都	CHENGDU	100.0	14.9	16.5
贵阳	GUIYANG	100.0	41.6	19.7
昆明	KUNMING	100.0	29.8	16.8
西安	XI'AN	100.0	22.7	49.0
兰州	LANZHOU	100.0	34.3	42.0
西宁	XINING	100.0	31.8	36.3
银川	YINCHUAN	100.0	47.1	26.4
乌鲁木齐	URUMQI	100.0	36.0	34.8

资料来源:2003年"城镇居民国内旅游抽样调查"

SOURCE: THE 2003 SAMPLING OF DOMESTIC TOURISM IN CHINA

出游情况(按出游目的分)
RESIDENTS BY PURPOSE 2003

TRAVEL PURPOSE(%)					
商务 BUSINESS	公务会议 PUBLIC AFFAIRS & MEETING	度假休闲 HOLIDAY	宗教/朝拜 RELIGION PILGRIMAGE	文体科技交流 CULTURAL/SPORTS EXCHANGE PROGRAMME	其他 OTHERS
1.9	**4.7**	**21.1**	**0.4**	**1.1**	**3.9**
0.4	4.3	29.8	—	1.2	1.2
4.3	6.7	6.8	—	1.3	4.6
1.8	4.8	1.2	1.8	0.6	3.2
0.7	0.7	8.6	—	—	7.5
0.6	4.8	3.4	—	1.3	4.0
5.1	2.7	30.4	—	0.6	1.2
0.3	2.9	34.9	—	0.5	7.4
8.7	20.8	14.2	—	—	5.9
—	5.4	24.8	1.0	3.2	7.3
5.2	1.3	14.8	1.7	0.8	0.8
1.0	—	—	—	—	0.0
—	6.6	4.4	—	2.2	2.5
—	2.9	—	—	2.9	10.4
2.3	6.4	3.4	1.0	3.4	3.0
0.5	1.5	5.7	1.0	2.6	1.3
6.3	15.8	2.3	—	2.3	4.4
4.0	11.7	17.3	3.0	—	3.9
1.7	1.7	19.1	4.6	0.5	5.1
3.2	9.8	14.7	4.9	—	5.2
—	4.9	21.2	—	3.1	3.4
1.3	5.9	24.0	0.4	4.0	6.8
2.5	1.2	6.4	—	0.6	6.2
1.3	4.9	24.9	0.2	1.0	2.9
—	1.8	4.6	2.7	0.9	11.4
—	0.8	13.4	0.2	0.4	1.6
2.1	3.5	17.2	1.3	0.5	1.7
5.0	—	1.2	—	—	8.8
2.5	1.9	12.7	—	1.2	2.8
1.6	1.6	29.5	—	—	1.8
—	6.5	6.5	—	—	19.7
1.1	6.8	25.0	—	0.7	0.6
2.5	7.2	57.6	—	0.5	0.8
0.3	1.3	30.5	0.3	0.6	5.7
0.6	12.0	33.1	0.3	0.9	6.5
1.6	3.4	12.8	1.0	3.2	6.3
1.6	3.0	7.9	0.5	0.5	10.2
—	18.1	4.5	—	—	9.3
3.3	4.9	14.0	—	0.8	3.5
—	—	24.4	—	—	4.8

4－6　2003 年城镇居民

DOMESTIC TOURISM EXPENDITURE OF

城　　市 NAME OF CITY		观光游览 SIGHTSEEING	探亲访友 VISITING RELATIVES & FRIENDS	商　　务 BUSINESS
总平均	**AVERAGE TOTAL**	**725.4**	**646.3**	**1 252.3**
北　京	BEIJING	514.7	638.5	3 366.7
天　津	TIANJIN	598.7	467.6	1 506.4
石家庄	SHIJIAZHUANG	696.8	477.8	2 096.3
太　原	TAIYUAN	937.9	311.4	286.0
呼和浩特	HOHHOT	841.0	533.3	397.1
沈　阳	SHENYANG	281.8	496.7	489.0
大　连	DALIAN	254.2	374.4	2 900.0
长　春	CHANGCHUN	978.8	1 736.8	1 029.6
哈尔滨	HARBIN	1 291.5	1 071.3	—
上　海	SHANGHAI	1 195.9	1 246.9	1 676.7
南　京	NANJING	851.7	1 073.1	1 540.0
无　锡	WUXI	1 378.0	792.1	—
苏　州	SUZHOU	767.3	583.8	—
杭　州	HANGZHOU	503.2	535.9	464.5
宁　波	NINGBO	749.4	961.7	294.8
合　肥	HEFEI	1 025.7	359.0	341.1
福　州	FUZHOU	693.1	316.4	1 273.8
厦　门	XIAMEN	864.2	501.7	894.0
南　昌	NANCHANG	1 113.7	1 363.7	4 517.5
济　南	JINAN	464.5	486.9	—
青　岛	QINGDAO	842.2	625.4	1 092.0
郑　州	ZHENGZHOU	845.9	612.6	162.8
武　汉	WUHAN	792.6	613.4	2 809.5
长　沙	CHANGSHA	1 605.6	726.1	—
广　州	GUANGZHOU	766.2	652.8	—
深　圳	SHENZHEN	1 611.8	1 550.7	1 970.1
珠　海	ZHUHAI	742.7	907.9	459.0
南　宁	NANNING	796.7	663.2	948.2
桂　林	GUILIN	1 032.1	478.3	3 107.5
海　口	HAIKOU	765.3	451.4	—
重　庆	CHONGQING	824.6	431.9	1 798.3
成　都	CHENGDU	413.5	445.2	1 103.9
贵　阳	GUIYANG	422.8	568.3	451.0
昆　明	KUNMING	1 454.6	1 258.5	823.0
西　安	XI'AN	822.0	338.8	634.7
兰　州	LANZHOU	685.2	540.1	2 346.7
西　宁	XINING	3 099.6	1 971.4	—
银　川	YINCHUAN	1 046.1	1 345.7	1 403.2
乌鲁木齐	URUMQI	401.0	464.8	—

资料来源:2003 年“城镇居民国内旅游抽样调查”

SOURCE: THE 2003 SAMPLING OF DOMESTIC TOURISM IN CHINA

出游花费情况(按出游目的分)

URBAN RESIDENTS BY PURPOSE 2003

单　位:元/人

UNIT:RMB¥/PERSON

公务会议 PUBLIC AFFAIRS & MEETING	度假休闲 HOLIDAY	宗教/朝拜 RELIGION PILGRIMAGE	文体科技交流 CULTURAL/SPORTS EXCHANGE PROGRAMME	其　他 OTHERS
1 623.6	**477.1**	**463.7**	**1 529.6**	**808.7**
2 496.9	496.1	—	952.7	463.0
1 901.7	450.7	—	1 397.8	699.2
1 961.9	2 275.0	95.3	159.5	89.2
1 320.0	370.3	—	—	574.6
1 980.3	1 640.5	—	5 912.5	173.1
579.3	367.3	—	976.4	1 500.7
1 144.7	167.3	—	991.8	169.5
3 944.1	188.9	—	—	692.9
1 111.8	1 173.9	1 444.3	2 826.3	2 404.0
1 145.3	1 203.2	949.3	610.5	442.0
—	—	—	—	—
6 327.7	110.5	—	165.0	2 095.5
459.5	—	—	2 849.0	164.7
1 087.5	590.1	153.6	749.9	351.4
1 410.2	1 260.0	107.8	1 128.6	460.0
1 324.7	357.3	—	2 520.4	1 498.6
746.5	332.4	167.1	—	662.8
1 979.3	569.1	533.6	143.0	517.1
1 156.6	2 630.1	214.7	—	2 613.2
620.0	406.9	—	337.9	1 515.8
2 481.7	252.2	847.0	472.6	684.9
101.0	367.0	—	646.8	359.3
1 535.5	753.2	24.2	319.0	595.9
4 783.9	2 918.4	339.3	2 134.0	1 869.2
1 143.5	452.0	198.0	2 073.5	1 104.2
2 926.6	1 367.6	1 275.2	7 980.5	1 332.1
—	569.8	—	—	546.2
1 607.8	1 626.2	—	2 824.3	1 282.4
962.0	409.6	—	—	522.5
2 500.0	497.3	—	—	411.1
1 853.9	494.8	—	1 502.7	113.3
467.4	182.8	—	107.4	341.8
4 215.0	186.9	22.0	2 698.3	1 467.0
119.6	362.4	773.5	1 994.7	226.8
1 009.3	150.7	36.3	2 654.2	444.4
2 204.2	906.5	110.0	2 235.0	762.3
3 172.8	2 730.0	—	—	800.8
4 323.0	1 417.2	—	1 586.2	4 743.8
—	895.4	—	—	1 739.9

4－7　2003 年城镇居民

DOMESTIC TOURISM OF URBAN

城　市 NAME OF CITY		合　计 TOTAL (%)	按职业分(%)	
			公务员 OFFICIAL	企事业管理人员 MANAGEMENT
总 平 均	**AVERAGE TOTAL**	**100.0**	**5.9**	**14.2**
北　　京	BEIJING	100.0	6.4	16.1
天　　津	TIANJIN	100.0	5.0	13.9
石 家 庄	SHIJIAZHUANG	100.0	12.6	6.6
太　　原	TAIYUAN	100.0	3.1	6.2
呼和浩特	HOHHOT	100.0	13.2	10.4
沈　　阳	SHENYANG	100.0	4.2	12.0
大　　连	DALIAN	100.0	3.1	9.7
长　　春	CHANGCHUN	100.0	14.2	28.5
哈 尔 滨	HARBIN	100.0	10.8	12.4
上　　海	SHANGHAI	100.0	5.6	17.9
南　　京	NANJING	100.0	1.0	4.3
无　　锡	WUXI	100.0	—	17.7
苏　　州	SUZHOU	100.0	—	11.7
杭　　州	HANGZHOU	100.0	3.4	17.6
宁　　波	NINGBO	100.0	4.1	9.9
合　　肥	HEFEI	100.0	18.2	22.2
福　　州	FUZHOU	100.0	7.1	16.8
厦　　门	XIAMEN	100.0	2.9	12.7
南　　昌	NANCHANG	100.0	4.9	29.5
济　　南	JINAN	100.0	6.7	23.0
青　　岛	QINGDAO	100.0	6.3	18.6
郑　　州	ZHENGZHOU	100.0	5.8	7.0
武　　汉	WUHAN	100.0	3.8	13.9
长　　沙	CHANGSHA	100.0	2.7	32.4
广　　州	GUANGZHOU	100.0	2.6	12.1
深　　圳	SHENZHEN	100.0	15.9	24.3
珠　　海	ZHUHAI	100.0	15.0	22.5
南　　宁	NANNING	100.0	9.5	9.5
桂　　林	GUILIN	100.0	3.2	14.7
海　　口	HAIKOU	100.0	6.5	15.2
重　　庆	CHONGQING	100.0	4.7	14.6
成　　都	CHENGDU	100.0	1.0	13.9
贵　　阳	GUIYANG	100.0	9.3	9.0
昆　　明	KUNMING	100.0	2.5	14.6
西　　安	XI'AN	100.0	4.0	16.0
兰　　州	LANZHOU	100.0	7.9	7.6
西　　宁	XINING	100.0	36.3	18.1
银　　川	YINCHUAN	100.0	8.2	8.2
乌鲁木齐	URUMQI	100.0	4.6	3.4

资料来源:2003 年"城镇居民国内旅游抽样调查"
SOURCE: THE 2003 SAMPLING OF DOMESTIC TOURISM IN CHINA

出游情况(按职业分)

RESIDENTS BY OCCUPATION 2003

BY OCCUPATION(%)					
专业技术人员 PROFE-SSIONAL	服务销售人员 WAITER SALESMAN	工　人 TECHNICIAN WORKER	离退休人员 RETIRED	学　生 STUDENT	其　他 OTHERS
13.3	**7.0**	**12.7**	**22.2**	**11.9**	**12.8**
12.1	8.0	10.5	29.2	10.4	7.3
13.6	6.8	16.3	22.9	11.1	10.4
23.4	7.8	10.8	21.0	8.4	9.4
19.6	4.7	22.8	22.0	13.3	8.3
16.7	2.0	10.4	20.9	12.5	13.9
10.7	8.4	13.0	21.0	10.0	20.7
4.1	6.9	14.7	22.5	9.7	29.3
14.2	10.9	8.7	9.8	4.3	9.4
13.5	6.4	14.0	25.9	3.7	13.3
9.1	11.3	9.6	27.5	10.4	8.6
11.9	8.6	14.1	35.8	14.1	10.2
13.3	6.6	17.7	26.6	6.6	11.5
7.3	—	14.7	54.4	11.9	0.0
8.5	8.1	9.1	27.8	8.8	16.7
19.3	8.3	15.7	17.8	15.7	9.2
13.4	1.5	7.1	15.8	10.3	11.5
5.6	13.2	13.2	14.7	15.8	13.6
8.7	6.3	16.8	25.5	7.5	19.6
14.7	4.9	13.1	21.3	4.9	6.7
23.5	1.8	10.4	10.8	18.0	5.8
7.2	7.2	14.5	11.3	13.1	21.8
14.8	5.1	12.9	31.6	9.6	13.2
8.7	7.6	15.0	23.5	14.5	13.0
25.0	2.7	2.7	16.6	9.2	8.7
14.9	7.9	12.7	17.4	17.4	15.0
21.0	7.0	6.7	9.1	10.5	5.5
7.5	12.5	3.7	8.7	11.2	18.9
21.6	5.7	20.3	10.1	19.1	4.2
14.7	18.0	6.5	11.4	22.9	8.6
10.8	10.8	13.0	21.7	4.3	17.7
19.1	7.5	10.8	17.7	13.9	11.7
11.0	3.5	10.2	33.5	11.7	15.2
14.2	5.9	10.7	19.0	19.0	12.9
17.8	4.2	9.4	28.5	6.8	16.2
7.5	8.0	15.0	21.9	14.4	13.2
12.9	4.6	25.0	14.8	17.5	9.7
4.5		4.5	22.7	—	13.9
21.4	9.9	9.9	23.9	4.9	13.6
34.8	12.7	13.9	13.9	13.9	2.8

4－8　2003 年城镇居民

DOMESTIC TOURISM EXPENDITURE OF

城　　市 NAME OF CITY		公务员 OFFICIAL	企事业管理人员 MANAGEMENT	专业技术人员 PROFESSIONAL	服务销售人员 WAITER SALESMAN
总平均	**AVERAGE TOTAL**	**1 136.5**	**1 000.0**	**1 031.3**	**592.1**
北　　京	BEIJING	1 126.8	864.5	901.8	391.8
天　　津	TIANJIN	886.2	1 090.3	1 191.7	802.3
石 家 庄	SHIJIAZHUANG	672.0	512.5	1 015.6	676.7
太　　原	TAIYUAN	351.9	764.5	872.2	804.7
呼和浩特	HOHHOT	1 423.1	1 108.6	1 110.6	163.9
沈　　阳	SHENYANG	573.6	535.8	349.0	334.7
大　　连	DALIAN	192.6	401.1	440.5	485.0
长　　春	CHANGCHUN	1 218.9	2 767.8	1 731.7	1 023.1
哈 尔 滨	HARBIN	1 336.2	1 475.5	1 529.3	1 161.8
上　　海	SHANGHAI	1 507.2	1 431.3	1 301.3	954.4
南　　京	NANJING	1 432.2	766.5	1 063.9	605.3
无　　锡	WUXI	—	1 540.0	4 370.8	1 821.2
苏　　州	SUZHOU	—	1 153.2	1 204.4	—
杭　　州	HANGZHOU	553.0	751.6	612.6	449.9
宁　　波	NINGBO	1 488.9	1 375.2	729.8	1 104.3
合　　肥	HEFEI	1 001.1	1 104.3	1 071.8	643.6
福　　州	FUZHOU	693.3	873.6	539.6	743.5
厦　　门	XIAMEN	2 329.7	808.6	1 587.5	406.7
南　　昌	NANCHANG	2 463.5	1 623.5	1 328.8	684.0
济　　南	JINAN	1 137.9	719.0	467.7	469.2
青　　岛	QINGDAO	1 374.5	731.0	1 907.5	384.0
郑　　州	ZHENGZHOU	264.4	1 465.7	936.2	496.9
武　　汉	WUHAN	935.7	1 112.3	860.6	714.9
长　　沙	CHANGSHA	1 327.3	1 610.6	1 702.8	343.6
广　　州	GUANGZHOU	2 207.7	922.2	1 178.7	666.7
深　　圳	SHENZHEN	1 602.9	1 747.4	2 274.6	1 011.4
珠　　海	ZHUHAI	1 028.9	864.1	1 183.1	620.8
南　　宁	NANNING	877.3	1 104.3	1 278.0	487.1
桂　　林	GUILIN	209.5	1 480.0	446.7	1 108.0
海　　口	HAIKOU	2 914.3	612.3	1 002.4	436.0
重　　庆	CHONGQING	1 820.9	1 308.6	640.8	319.7
成　　都	CHENGDU	165.9	327.2	767.1	171.3
贵　　阳	GUIYANG	623.7	643.1	841.2	176.2
昆　　明	KUNMING	1 340.8	1 017.2	832.9	643.3
西　　安	XI'AN	390.6	750.2	964.2	414.9
兰　　州	LANZHOU	1 088.0	1 012.4	651.0	756.6
西　　宁	XINING	4 040.4	1 302.4	800.8	—
银　　川	YINCHUAN	1 844.2	1 288.5	2 084.8	1 406.2
乌鲁木齐	URUMQI	434.5	826.8	773.8	321.3

资料来源:2003 年"城镇居民国内旅游抽样调查"

SOURCE: THE 2003 SAMPLING OF DOMESTIC TOURISM IN CHINA

出游花费情况(按职业分)

URBAN RESIDENTS BY OCCUPATION 2003

单位:元/人　UNIT:RMB¥/PERSON

工　人 TECHNICIAN WORKER	离退休 人员 RETIRED	学　生 STUDENT	其　他 OTHERS
502.9	**630.9**	**511.6**	**471.1**
555.5	483.6	392.8	612.3
537.1	554.2	328.0	254.4
314.3	833.0	462.5	257.8
320.8	605.8	817.1	741.7
398.1	802.1	714.3	289.5
270.5	412.1	318.7	304.0
268.8	257.3	193.7	258.4
420.8	1 662.5	482.4	1 241.1
851.2	1 588.9	1 142.7	956.4
1 062.8	1 128.4	931.1	1 696.6
1 030.8	979.2	981.7	759.6
1 248.8	650.6	480.2	1 295.9
201.8	673.4	466.0	—
432.0	575.7	499.0	422.6
929.1	590.8	614.5	558.2
787.2	744.0	451.0	599.8
218.9	500.7	404.2	571.3
358.4	544.5	505.9	468.6
678.4	1 629.8	3 638.8	1 511.4
272.8	321.7	323.0	189.3
374.3	416.4	472.4	603.4
633.4	707.9	396.7	399.1
597.7	725.0	617.5	785.0
1 638.0	953.6	887.5	1 377.3
399.2	612.9	554.2	429.9
1 404.2	1 604.9	1 011.0	914.5
321.4	1 310.4	538.2	446.4
555.2	1 017.4	975.3	819.5
690.3	526.6	497.2	538.9
101.2	367.6	916.9	475.1
509.1	595.1	542.1	594.5
291.1	238.2	303.1	149.2
497.2	249.7	359.4	510.9
549.3	1 044.4	708.5	411.2
192.1	610.2	621.9	260.2
646.4	929.9	457.0	688.2
800.8	1 960.0	—	1 852.3
685.8	1 681.9	787.7	836.5
595.2	537.3	561.3	423.5

4－9　2003年农村居民国内旅游基本情况(按地区分)

STATISTICS OF DOMESTIC TOURISM OF RURAL RESIDENTS BY LOCALITY 2003

地　区 LOCALITY		过夜游 出游率(%) OVER NIGHT TRAVEL RATE	一日游 出游率(%) SAME DAY TRAVEL RATE	过夜游 人均花费 (元/人) OVER NIGHT TRAVEL EXPENDITURE	一日游 人均花费 (元/人) SAME DAY TRAVEL EXPENDITURE
总平均	**AVERAGE TOTAL**	**12.4**	**42.8**	**617.3**	**98.0**
北　京	BEIJING	5.6	30.4	2 645.4	132.2
天　津	TIANJIN	7.7	28.3	664.1	173.2
河　北	HEBEI	3.7	27.5	737.3	104.0
山　西	SHANXI	4.8	27.0	783.9	82.8
内蒙古	INNERMONGOLIA	10.8	41.8	927.0	145.0
辽　宁	LIAONING	9.5	37.6	238.0	93.4
吉　林	JILIN	15.5	20.8	730.3	142.4
黑龙江	HEILONGJIANG	7.1	31.4	358.0	163.7
上　海	SHANGHAI	11.0	31.0	1 029.3	113.3
江　苏	JIANGSU	11.9	93.3	728.3	117.2
浙　江	ZHEJIANG	10.9	31.3	854.4	137.7
安　徽	ANHUI	18.4	53.7	487.0	80.3
福　建	FUJIAN	19.5	75.8	1 336.3	85.4
江　西	JIANGXI	13.8	28.1	466.3	88.7
山　东	SHANDONG	7.1	32.2	595.5	135.3
河　南	HENAN	7.0	34.2	356.0	70.1
湖　北	HUBEI	15.7	81.7	418.3	87.3
湖　南	HUNAN	25.9	62.6	402.5	67.9
广　东	GUANGDONG	14.5	18.0	720.5	143.8
广　西	GUANGXI	18.8	19.3	421.2	88.0
海　南	HAINAN	14.0	34.6	383.0	102.7
重　庆	CHONGQING	15.6	54.6	497.7	63.1
四　川	SICHUAN	12.1	41.2	435.0	99.8
贵　州	GUIZHOU	10.8	32.2	281.9	46.3
云　南	YUNNAN	19.6	40.5	677.3	56.7
西　藏	TIBET	—	—	—	—
陕　西	SHAANXI	8.8	49.3	554.4	81.6
甘　肃	GANSU	11.5	62.4	970.3	88.3
青　海	QINGHAI	7.6	35.6	584.9	69.2
宁　夏	NINGXIA	11.5	23.6	615.4	98.6
新　疆	XINJIANG	13.4	84.0	1 066.7	153.1

资料来源:2003年“农村居民国内旅游抽样调查”

SOURCE: THE 2003 SAMPLING OF DOMESTIC TOURISM IN CHINA

五、地方接待入境旅游者情况

5. DISTRIBUTION OF INTERNATIONAL TOURISTS TO LOCALITY

5-1 2002～2003年各地区接待
INTERNATIONAL TOURISTS

地 区 LOCALITY	2003年总计 TOTAL 2003		
	人 数 (人次) ARRIVALS	人天数 (人天) NIGHTS	平均停留 (天) AVERAGE STAY
总 计 TOTAL	**30 169 273**	**80 121 398**	**2.66**
北 京 BEIJING	1 851 245	8 047 678	4.35
天 津 TIANJIN	489 017	1 760 094	3.60
河 北 HEBEI	280 256	633 002	2.26
山 西 SHANXI	116 045	239 497	2.06
内蒙古 INNER MONGOLIA	413 635	826 587	2.00
辽 宁 LIAONING	778 943	2 486 795	3.19
吉 林 JILIN	211 699	415 637	1.96
黑龙江 HEILONGJIANG	587 127	1 378 325	2.35
上 海 SHANGHAI	2 447 089	8 882 933	3.63
江 苏 JIANGSU	2 231 632	8 385 186	3.76
浙 江 ZHEJIANG	1 808 317	4 717 155	2.61
安 徽 ANHUI	280 819	473 417	1.69
福 建 FUJIAN	1 497 164	5 462 305	3.65
江 西 JIANGXI	165 560	356 374	2.15
山 东 SHANDONG	776 725	2 052 700	2.64
河 南 HENAN	188 576	447 827	2.37
湖 北 HUBEI	405 214	799 824	1.97
湖 南 HUNAN	153 931	269 506	1.75
广 东 GUANGDONG	11 969 596	25 866 293	2.16
广 西 GUANGXI	650 192	987 635	1.52
海 南 HAINAN	293 377	509 440	1.74
重 庆 CHONGQING	234 521	662 697	2.83
四 川 SICHUAN	451 713	892 852	1.98
贵 州 GUIZHOU	77 045	180 697	2.35
云 南 YUNNAN	1 000 101	1 603 080	1.60
西 藏 TIBET	51 120	127 797	2.50
陕 西 SHAANXI	465 808	1 120 870	2.41
甘 肃 GANSU	101 501	136 413	1.34
青 海 QINGHAI	17 711	37 548	2.12
宁 夏 NINGXIA	3 049	6 724	2.21
新 疆 XINJIANG	170 545	354 510	2.08

入境旅游者情况
BY LOCALITY 2002—2003

2002年总计 TOTAL 2002			2003年比2002年增减 INCREASE		
人 数 (人次) ARRIVALS	人天数 (人天) NIGHTS	平均停留 (天) AVERAGE STAY	人 数 (%) ARRIVALS (%)	人天数 (%) NIGHTS (%)	平均停留 (天) AVERAGE STAY
39 141 794	**99 359 904**	**2.54**	**-22.92**	**-19.36**	**0.12**
3 103 836	13 051 666	4.21	-40.36	-38.34	0.14
506 038	1 836 328	3.63	-3.36	-4.15	-0.03
473 580	1 240 770	2.62	-40.82	-48.98	-0.36
248 033	481 293	1.94	-53.21	-50.24	0.12
439 405	849 222	1.93	-5.86	-2.67	0.07
929 428	2 997 834	3.23	-16.19	-17.05	-0.03
293 980	539 722	1.84	-27.99	-22.99	0.13
717 394	1 685 756	2.35	-18.16	-18.24	0.00
2 725 263	9 845 195	3.61	-10.21	-9.77	0.02
2 226 262	8 173 271	3.67	0.24	2.59	0.09
2 040 968	5 068 677	2.48	-11.40	-6.94	0.13
459 051	711 530	1.55	-38.83	-33.46	0.14
1 848 214	6 353 899	3.44	-18.99	-14.03	0.21
240 895	536 749	2.23	-31.27	-33.61	-0.08
976 800	2 629 700	2.69	-20.48	-21.94	-0.05
410 120	1 092 303	2.66	-54.02	-59.00	-0.29
1 024 312	1 712 230	1.67	-60.44	-53.29	0.30
566 229	1 847 446	3.26	-72.81	-85.41	-1.51
13 944 830	27 705 383	1.99	-14.16	-6.64	0.17
1 363 383	1 944 401	1.43	-52.31	-49.21	0.09
389 361	589 504	1.51	-24.65	-13.58	0.22
461 484	1 265 031	2.74	-49.18	-47.61	0.08
667 224	1 224 360	1.84	-32.30	-27.08	0.14
228 091	495 339	2.17	-66.22	-63.52	0.17
1 303 550	2 029 803	1.56	-23.28	-21.02	0.05
142 279	351 995	2.47	-64.07	-63.69	0.03
850 072	1 989 396	2.34	-45.20	-43.66	0.07
236 812	349 891	1.48	-57.14	-61.01	-0.13
43 532	64 969	1.49	-59.31	-42.21	0.63
6 018	12 741	2.12	-49.34	-47.23	0.09
275 350	683 500	2.48	-38.06	-48.13	-0.40

5－2　2003年各地区接待

BREAKDOWN OF INTERNATIONAL

地　　区 LOCALITY		外国人 FOREIGNERS			香港 HONG
		人　数（人次）ARRIVALS	人天数（人天）NIGHTS	平均停留（天）AVERAGE STAY	人　数（人次）ARRIVALS
总　计	**TOTAL**	**15 067 181**	**45 091 595**	**2.99**	**9 398 710**
北　京	BEIJING	1 526 601	6 876 889	4.50	217 086
天　津	TIANJIN	456 115	1 495 661	3.28	14 138
河　北	HEBEI	257 642	576 282	2.24	9 902
山　西	SHANXI	79 053	171 131	2.16	16 316
内蒙古	INNER MONGOLIA	410 225	820 450	2.00	1 644
辽　宁	LIAONING	668 090	2 173 020	3.25	43 519
吉　林	JILIN	185 247	366 307	1.98	13 076
黑龙江	HEILONGJIANG	546 332	1 297 878	2.38	21 737
上　海	SHANGHAI	1 989 968	7 302 620	3.67	204 787
江　苏	JIANGSU	1 434 509	5 535 336	3.86	292 401
浙　江	ZHEJIANG	1 069 287	2 908 824	2.72	279 810
安　徽	ANHUI	163 974	282 038	1.72	41 392
福　建	FUJIAN	459 448	1 971 533	4.29	517 123
江　西	JIANGXI	44 791	108 116	2.41	56 843
山　东	SHANDONG	615 457	1 642 008	2.67	71 988
河　南	HENAN	112 702	282 946	2.51	34 303
湖　北	HUBEI	323 151	603 001	1.87	37 586
湖　南	HUNAN	105 368	188 752	1.79	11 850
广　东	GUANGDONG	2 457 559	6 112 238	2.49	6 939 014
广　西	GUANGXI	329 269	519 048	1.58	135 229
海　南	HAINAN	144 342	286 987	1.99	97 535
重　庆	CHONGQING	181 744	530 293	2.92	26 627
四　川	SICHUAN	244 033	555 251	2.28	71 408
贵　州	GUIZHOU	23 997	55 888	2.33	26 444
云　南	YUNNAN	657 101	1 093 727	1.66	123 605
西　藏	TIBET	45 685	114 194	2.50	1 810
陕　西	SHAANXI	307 758	774 643	2.52	61 310
甘　肃	GANSU	67 885	96 812	1.43	15 139
青　海	QINGHAI	7 715	16 847	2.18	3 211
宁　夏	NINGXIA	2 217	5 167	2.33	410
新　疆	XINJIANG	149 916	327 708	2.19	11 467

入境旅游者构成

TOURISTS BY LOCALITY 2003

同胞 KONG SAR		澳门同胞 MACAO SAR			台湾同胞 TAIWAN PROVINCE		
人天数（人天）NIGHTS	平均停留（天）AVERAGE STAY	人 数（人次）ARRIVALS	人天数（人天）NIGHTS	平均停留（天）AVERAGE STAY	人 数（人次）ARRIVALS	人天数（人天）NIGHTS	平均停留（天）AVERAGE STAY
21 176 637	**2.25**	**1 118 959**	**2 173 982**	**1.94**	**4 584 423**	**11 679 184**	**2.55**
666 045	3.07	10 065	34 466	3.42	97 493	470 278	4.82
124 067	8.78	761	6 997	9.19	18 003	133 369	7.41
18 581	1.88	3 666	7 449	2.03	9 046	30 690	3.39
31 047	1.90	6 813	11 788	1.73	13 863	25 531	1.84
2 959	1.80	389	700	1.80	1 377	2 478	1.80
126 472	2.91	5 883	11 033	1.88	61 451	176 270	2.87
22 946	1.75	405	1 995	4.93	12 971	24 389	1.88
47 034	2.16	4 691	8 087	1.72	14 367	25 326	1.76
552 925	2.70	10 100	19 695	1.95	242 234	1 007 693	4.16
944 937	3.23	30 062	67 095	2.23	474 660	1 837 818	3.87
660 434	2.36	32 166	91 866	2.86	427 054	1 056 031	2.47
69 577	1.68	7 271	14 563	2.00	68 182	107 239	1.57
2 074 683	4.01	45 373	174 236	3.84	475 220	1 241 853	2.61
105 581	1.86	20 555	37 047	1.80	43 371	105 630	2.44
136 536	1.90	8 115	20 196	2.49	81 165	253 960	3.13
74 954	2.19	7 993	17 363	2.17	33 578	72 564	2.16
93 232	2.48	2 708	4 998	1.85	41 769	98 593	2.36
29 175	2.46	1 951	2 909	1.49	34 762	48 670	1.40
14 418 074	2.08	841 393	1 507 377	1.79	1 731 630	3 828 604	2.21
197 928	1.46	7 748	11 184	1.44	177 946	259 475	1.46
135 717	1.39	18 279	22 133	1.21	33 221	64 603	1.94
68 953	2.59	791	2 620	3.31	25 359	60 831	2.40
128 582	1.80	5 769	9 156	1.59	130 503	199 863	1.53
59 837	2.26	1 915	4 633	2.42	24 689	60 339	2.44
200 177	1.62	20 329	40 989	2.02	199 066	268 187	1.35
4 498	2.49	1 077	2 623	2.44	2 548	6 482	2.54
140 318	2.29	20 411	37 314	1.83	76 329	168 595	2.21
17 739	1.17	1 138	1 400	1.23	17 339	20 462	1.18
6 971	2.17	799	1 696	2.12	5 986	12 034	2.01
775	1.89	9	13	1.44	413	769	1.86
15 883	1.39	334	361	1.08	8 828	10 558	1.20

5-3 2003年各地区接待

FOREIGN TOURISTS BY

地　区 LOCALITY		合　计 TOTAL	#日　本 JAPAN	#韩　国 KOREA	#马来西亚 MALA-YSIA	#菲律宾 PHILIP-PINE	#新加坡 SINGA-PORI
总　计	**TOTAL**	**15 067 181**	**3 522 500**	**2 112 484**	**634 232**	**205 405**	**553 877**
北　京	BEIJING	1 526 601	292 256	245 317	43 977	5 522	42 891
天　津	TIANJIN	456 115	212 580	115 409	8 863	18 516	10 315
河　北	HEBEI	257 642	46 583	30 843	21 402	2 201	13 241
山　西	SHANXI	79 053	22 025	9 080	1 537	641	3 134
内蒙古	INNER MONGOLIA	410 225	5 965	1 245	385	316	483
辽　宁	LIAONING	668 090	241 119	246 690	8 046	5 619	13 195
吉　林	JILIN	185 247	23 201	34 620	3 187	330	3 380
黑龙江	HEILONGJIANG	546 332	31 461	18 673	1 556	179	2 705
上　海	SHANGHAI	1 989 968	722 604	205 514	56 792	91 206	66 530
江　苏	JIANGSU	1 434 509	436 403	218 181	125 424	11 069	80 182
浙　江	ZHEJIANG	1 069 287	223 162	202 749	81 297	14 325	57 237
安　徽	ANHUI	163 974	36 327	27 125	10 690	1 117	13 056
福　建	FUJIAN	459 448	114 150	33 331	47 426	18 180	63 463
江　西	JIANGXI	44 791	8 482	3 139	1 251	392	2 543
山　东	SHANDONG	615 457	161 161	305 985	11 440	9 582	13 388
河　南	HENAN	112 702	27 712	7 551	9 753	2 103	4 462
湖　北	HUBEI	323 151	58 324	17 397	7 342	1 117	6 469
湖　南	HUNAN	105 368	9 196	42 179	1 309	270	1 463
广　东	GUANGDONG	2 457 559	476 589	115 519	64 580	11 409	61 877
广　西	GUANGXI	329 269	75 087	45 135	35 720	1 338	3 911
海　南	HAINAN	144 342	16 095	35 696	6 531	856	6 247
重　庆	CHONGQING	181 744	36 152	18 337	4 196	1 008	3 827
四　川	SICHUAN	244 033	64 678	19 946	12 708	1 133	24 873
贵　州	GUIZHOU	23 997	5 068	472	2 716	1 769	2 326
云　南	YUNNAN	657 101	68 313	42 289	57 686	4 188	44 520
西　藏	TIBET	45 685	4 959	2 063	483	31	733
陕　西	SHAANXI	307 758	70 231	58 848	4 281	564	3 717
甘　肃	GANSU	67 885	13 765	4 946	1 883	130	1 949
青　海	QINGHAI	7 715	1 668	690	13	2	609
宁　夏	NINGXIA	2 217	875	123	43	16	78
新　疆	XINJIANG	149 916	16 309	3 392	1 715	276	1 073

外国旅游者人数(按国籍分)
LOCALITY & NATIONALITY 2003

单　位:人次
UNIT:PERSON

#泰国 THAILAND	#美国 U.S.A.	#加拿大 CANADA	#英国 U.K.	#法国 FRANCE	#德国 GERMANY	#俄罗斯 RUSSIA	#澳大利亚 AUSTRALIA
274 886	**1 274 065**	**247 101**	**397 324**	**294 464**	**467 150**	**996 674**	**240 061**
23 155	194 024	37 764	81 028	54 737	62 968	51 525	34 545
1 875	18 059	6 044	6 862	5 669	4 084	8 729	2 114
2 763	10 834	3 731	21 094	11 261	10 102	32 394	2 659
1 409	6 584	1 850	3 772	6 251	4 279	1 362	1 687
338	2 381	745	1 036	728	848	146 521	909
3 854	18 781	4 972	7 948	3 721	10 017	29 612	4 519
772	2 448	715	1 109	648	7 484	90 483	553
1 035	2 573	1 220	832	1 150	1 022	462 446	979
22 354	188 016	34 502	8 397	44 798	89 208	18 663	39 572
33 900	153 486	35 107	40 750	28 758	59 151	8 608	34 568
32 973	74 894	19 595	19 895	22 353	27 578	9 675	20 174
6 012	15 940	2 725	4 073	3 867	10 097	1 503	4 329
6 797	94 995	6 501	7 283	4 363	10 235	1 608	6 683
832	4 053	1 358	2 466	911	1 229	497	1 393
2 026	24 847	5 908	8 261	5 851	10 258	8 020	6 033
4 279	6 467	4 080	5 431	5 010	6 772	3 790	1 102
5 694	70 257	12 057	42 921	15 563	41 609	935	7 147
417	12 161	2 486	1 498	1 369	1 857	751	1 188
39 501	188 072	27 076	44 617	22 825	26 531	6 048	24 887
7 258	23 275	4 915	9 568	8 379	9 406	539	5 775
2 488	7 422	2 070	3 128	1 210	2 756	8 488	1 849
2 321	38 905	4 681	18 186	4 262	16 639	2 104	5 398
30 437	26 719	5 910	6 940	5 065	7 718	1 342	4 697
1 692	1 740	317	994	1 325	652	67	188
35 663	30 279	9 315	12 440	13 570	14 547	5 696	9 787
199	6 656	1 238	3 456	3 098	4 099	670	1 531
3 861	37 203	7 675	25 177	10 370	18 071	2 479	9 367
471	6 711	962	5 452	4 473	4 640	313	4 014
9	841	379	483	803	346	40	230
11	217	90	77	108	190	34	50
490	5 225	1 113	2 150	1 968	2 757	91 732	2 134

5-4 2002～2003年主要城市接待

INTERNATIONAL TOURISTS TO

城市名称 NAME OF CITY		2003 年 总 计 TOTAL 2003		
		人数 (人次) ARRIVALS	人天数 (人天) NIGHTS	平均停留 (天) AVERAGE STAY
北京	BEIJING	1 851 245	8 047 678	4.35
天津	TIANJIN	489 017	1 760 094	3.60
石家庄	SHIJIAZHUANG	37 000	53 806	1.45
秦皇岛	QINHUANGDAO	81 997	255 909	3.12
承德	CHENGDE	79 846	155 925	1.95
太原	TAIYUAN	31 603	85 328	2.70
大同	DATONG	29 637	50 195	1.69
呼和浩特	HOHHOT	12 023	15 882	1.32
沈阳	SHENYANG	184 255	587 905	3.19
大连	DALIAN	373 000	1 358 441	3.64
长春	CHANGCHUN	68 877	215 277	3.13
吉林	JILIN	16 900	31 011	1.83
延边	YANBIAN	121 044	155 403	1.28
哈尔滨	HARBIN	145 538	340 909	2.34
上海	SHANGHAI	2 447 089	8 882 933	3.63
南京	NANJING	515 081	2 213 194	4.30
无锡	WUXI	393 591	996 512	2.53
苏州	SUZHOU	708 343	1 891 245	2.67
南通	NANTONG	84 253	582 048	6.91
连云港	LIANYUNGANG	22 769	209 011	9.18
杭州	HANGZHOU	861 199	2 341 789	2.72
宁波	NINGBO	221 566	526 203	2.37
温州	WENZHOU	109 119	257 067	2.36
合肥	HEFEI	43 200	118 152	2.74
黄山	HUANGSHAN	160 100	164 603	1.03
福州	FUZHOU	316 762	1 480 973	4.68
厦门	XIAMEN	549 895	1 697 487	3.09
泉州	QUANZHOU	395 018	1 871 385	4.74
漳州	ZHANGZHOU	24 789	65 120	2.63

入境旅游者情况

MAJOR CITIES 2002—2003

2002 年 总 计 TOTAL 2002			2003 年比 2002 年增减 INCREASE		
人　数 (人次) ARRIVALS	人天数 (人天) NIGHTS	平均停留 (天) AVERAGE STAY	人　数 (%) ARRIVALS	人天数 (%) NIGHTS	平均停留 (天) AVERAGE STAY
3 103 836	13 051 666	4.21	-40.36	-38.34	0.14
506 038	1 836 328	3.63	-3.36	-4.15	-0.03
54 050	158 064	2.92	-31.54	-65.96	-1.47
141 620	517 009	3.65	-42.10	-50.50	-0.53
158 000	316 000	2.00	-49.46	-50.66	-0.05
61 988	163 305	2.63	-49.02	-47.75	0.07
67 334	107 930	1.60	-55.99	-53.49	0.09
28 774	35 168	1.22	-58.22	-54.84	0.10
237 627	724 118	3.05	-22.46	-18.81	0.14
491 100	1 784 225	3.63	-24.05	-23.86	0.01
76 146	246 356	3.24	-9.55	-12.62	-0.11
21 984	33 240	1.51	-23.13	-6.71	0.32
158 745	214 507	1.35	-23.75	-27.55	-0.07
184 253	425 404	2.31	-21.01	-19.86	0.03
2 725 263	9 845 195	3.61	-10.21	-9.77	0.02
561 319	2 414 473	4.30	-8.24	-8.34	0.00
422 812	969 178	2.29	-6.91	2.82	0.24
737 740	1 613 243	2.19	-3.98	17.23	0.48
77 872	545 291	7.00	8.19	6.74	-0.09
11 820	176 750	14.95	92.63	18.25	-5.77
1 056 167	2 644 875	2.50	-18.46	-11.46	0.21
205 513	465 637	2.27	7.81	13.01	0.11
124 221	283 855	2.29	-12.16	-9.44	0.07
49 280	148 933	3.02	-12.34	-20.67	-0.29
316 100	345 274	1.09	-49.35	-52.33	-0.06
328 003	1 624 524	4.95	-3.43	-8.84	-0.28
673 718	1 992 040	2.96	-18.38	-14.79	0.13
521 675	1 993 764	3.82	-24.28	-6.14	0.92
33 818	155 336	4.59	-26.70	-58.08	-1.97

5－4(续1)

城市名称 NAME OF CITY		2003 年 总 计 TOTAL 2003		
		人 数 (人次) ARRIVALS	人天数 (人天) NIGHTS	平均停留 (天) AVERAGE STAY
南　　昌	NANCHANG	34 338	79 984	2.33
九　　江	JIUJIANG	39 091	74 631	1.91
济　　南	JINAN	66 953	125 489	1.87
青　　岛	QINGDAO	342 959	989 176	2.88
烟　　台	YANTAI	114 060	435 033	3.81
威　　海	WEIHAI	89 230	206 338	2.31
郑　　州	ZHENGZHOU	96 000	293 000	3.05
洛　　阳	LUOYANG	26 791	39 856	1.49
武　　汉	WUHAN	224 408	551 095	2.46
长　　沙	CHANGSHA	48 481	137 833	2.84
广　　州	GUANGZHOU	3 625 383	7 760 998	2.14
深　　圳	SHENZHEN	4 351 328	8 558 526	1.97
珠　　海	ZHUHAI	1 054 492	1 772 215	1.68
汕　　头	SHANTOU	168 252	324 104	1.93
湛　　江	ZHANJIANG	15 047	34 055	2.26
中　　山	ZHONGSHAN	575 623	952 300	1.65
南　　宁	NANNING	34 908	60 518	1.73
桂　　林	GUILIN	445 659	681 050	1.53
北　　海	BEIHAI	13 193	18 310	1.39
海　　口	HAIKOU	73 167	140 883	1.93
三　　亚	SANYA	135 204	264 429	1.96
重　　庆	CHONGQING	234 521	662 697	2.83
成　　都	CHENGDU	226 546	588 079	2.60
贵　　阳	GUIYANG	52 206	123 228	2.36
昆　　明	KUNMING	426 667	658 633	1.54
拉　　萨	LHASA	21 306	53 927	2.53
西　　安	XI'AN	336 654	824 800	2.45
兰　　州	LANZHOU	18 394	26 462	1.44
西　　宁	XINING	13 702	30 570	2.23
银　　川	YINCHUAN	2 378	5 766	2.42
乌鲁木齐	URUMQI	78 666	235 770	3.00

2002 年 总 计 TOTAL 2002			2003 年比 2002 年增减 INCREASE		
人 数 (人次) ARRIVALS	人天数 (人天) NIGHTS	平均停留 (天) AVERAGE STAY	人 数 (%) ARRIVALS	人天数 (%) NIGHTS	平均停留 (天) AVERAGE STAY
44 840	118 224	2.64	-23.42	-32.35	-0.31
50 239	89 173	1.77	-22.19	-16.31	0.13
101 512	188 882	1.86	-34.04	-33.56	0.01
417 452	1 320 396	3.16	-17.84	-25.08	-0.28
135 816	524 664	3.86	-16.02	-17.08	-0.05
95 656	218 817	2.29	-6.72	-5.70	0.02
171 201	639 647	3.74	-43.93	-54.19	-0.68
121 118	203 953	1.68	-77.88	-80.46	-0.20
383 711	958 736	2.50	-41.52	-42.52	-0.04
341 359	863 970	2.53	-85.80	-84.05	0.31
4 739 703	9 673 844	2.04	-23.51	-19.77	0.10
4 493 543	10 669 830	2.37	-3.16	-19.79	-0.41
1 299 629	2 018 720	1.55	-18.86	-12.21	0.13
176 171	324 338	1.84	-4.50	-0.07	0.09
16 122	61 936	3.84	-6.67	-45.02	-1.58
660 269	954 495	1.45	-12.82	-0.23	0.21
59 165	99 301	1.68	-41.00	-39.06	0.06
984 280	1 417 797	1.44	-54.72	-51.96	0.09
42 079	60 643	1.44	-68.65	-69.81	-0.05
82 447	146 141	1.77	-11.26	-3.60	0.15
174 424	296 742	1.70	-22.49	-10.89	0.25
461 484	1 265 031	2.74	-49.18	-47.61	0.08
401 165	871 505	2.17	-43.53	-32.52	0.42
97 047	186 068	1.92	-46.21	-33.77	0.44
699 683	1 051 068	1.50	-39.02	-37.34	0.04
70 337	174 012	2.47	-69.71	-69.01	0.06
743 282	1 812 933	2.44	-54.71	-54.50	0.01
46 074	86 262	1.87	-60.08	-69.32	-0.43
29 958	41 064	1.37	-54.26	-25.56	0.86
4 768	10 718	2.25	-50.13	-46.20	0.18
156689	522 645	3.34	-49.79	-54.89	-0.34

5－5 2003年主要城市接待

BREAKDOWN OF INTERNATIONAL

城市名称 NAME OF CITY		外国人 FOREIGNERS			香港 HONG
		人数 (人次) ARRIVALS	人天数 (人天) NIGHTS	平均停留 (天) AVERAGE STAY	人数 (人次) ARRIVALS
北京	BEIJING	1 526 601	6 876 889	4.50	217 086
天津	TIANJIN	456 115	1 495 661	3.28	14 138
石家庄	SHIJIAZHUANG	32 274	33 304	1.03	3 096
秦皇岛	QINHUANGDAO	78 416	248 060	3.16	1 733
承德	CHENGDE	71 707	139 714	1.95	2 985
太原	TAIYUAN	22 878	67 033	2.93	5 341
大同	DATONG	25 578	44 042	1.72	1 703
呼和浩特	HOHHOT	10 773	13 803	1.28	594
沈阳	SHENYANG	150 769	495 070	3.28	14 192
大连	DALIAN	319 898	1 182 737	3.70	22 312
长春	CHANGCHUN	51 523	178 884	3.47	8 559
吉林	JILIN	8 832	20 199	2.29	4 428
延边	YANBIAN	120 120	153 336	1.28	30
哈尔滨	HARBIN	106 452	263 057	2.47	21 151
上海	SHANGHAI	1 989 968	7 302 620	3.67	204 787
南京	NANJING	311 156	1 393 168	4.48	94 351
无锡	WUXI	259 953	699 283	2.69	58 361
苏州	SUZHOU	479 699	1 299 505	2.71	72 220
南通	NANTONG	63 666	414 661	6.51	5 904
连云港	LIANYUNGANG	15 709	150 026	9.55	1 635
杭州	HANGZHOU	482 109	1 332 223	2.76	151 494
宁波	NINGBO	136 461	331 613	2.43	30 001
温州	WENZHOU	79 087	184 185	2.33	9 503
合肥	HEFEI	30 411	89 109	2.93	6 238
黄山	HUANGSHAN	93 511	95 871	1.03	23 507
福州	FUZHOU	144 792	856 200	5.91	71 197
厦门	XIAMEN	217 988	946 544	4.34	100 807
泉州	QUANZHOU	36 561	60 126	1.64	297 072
漳州	ZHANGZHOU	5 714	9 049	1.58	3 774

入境旅游者构成

TOURISTS TO MAJOR CITIES 2003

同胞 KONG SAR		澳门同胞 MACAO SAR			台湾同胞 TAIWAN PROVINCE		
人天数 (人天) NIGHTS	平均停留 (天) AVERAGE STAY	人　数 (人次) ARRIVALS	人天数 (人天) NIGHTS	平均停留 (天) AVERAGE STAY	人　数 (人次) ARRIVALS	人天数 (人天) NIGHTS	平均停留 (天) AVERAGE STAY
666 045	3.07	10 065	34 466	3.42	97 493	470 278	4.82
124 067	8.78	761	6 997	9.19	18 003	133 369	7.41
4 502	1.45	622	1 362	2.19	1 008	14 638	14.52
3 884	2.24	363	825	2.27	1 485	3 140	2.11
5 945	1.99	1 197	2 393	2.00	3 957	7 873	1.99
10 682	2.00	648	1 375	2.12	2 736	6 238	2.28
2 380	1.40	770	1 122	1.46	1 586	2 651	1.67
860	1.45	36	98	2.72	620	1 121	1.81
40 433	2.85	275	616	2.24	19 019	51 786	2.72
72 605	3.25	717	2 148	3.00	30 073	100 951	3.36
16 605	1.94	249	1 583	6.36	8 546	18 205	2.13
6 269	1.42	48	54	1.13	3 592	4 489	1.25
64	2.13	95	356	3.75	799	1 647	2.06
46 142	2.18	4 249	7 514	1.77	13 686	24 196	1.77
552 925	2.70	10 100	19 695	1.95	242 234	1 007 693	4.16
311 693	3.30	3 622	11 884	3.28	105 952	496 449	4.69
116 707	2.00	1 692	1 918	1.13	73 585	178 604	2.43
173 442	2.40	2 852	4 066	1.43	153 572	414 232	2.70
45 696	7.74	719	2 334	3.25	13 964	119 357	8.55
16 579	10.14	126	1 153	9.15	5 299	41 253	7.79
400 653	2.64	8 004	24 072	3.01	219 592	584 841	2.66
58 344	1.94	6 782	22 511	3.32	48 322	113 735	2.35
22 922	2.41	4 593	14 696	3.20	15 936	35 264	2.21
17 008	2.73	154	236	1.53	6 397	11 799	1.84
24 188	1.03	1 131	1 157	1.02	41 951	43 387	1.03
262 111	3.68	2 963	13 651	4.61	97 810	349 011	3.57
228 986	2.27	8 251	17 925	2.17	222 849	504 032	2.26
1 486 548	5.00	25 293	126 565	5.00	36 092	198 146	5.49
9 077	2.41	203	232	1.14	15 098	46 762	3.10

城市名称 NAME OF CITY		外国人 FOREIGNERS			香港 HONG
		人数(人次) ARRIVALS	人天数(人天) NIGHTS	平均停留(天) AVERAGE STAY	人数(人次) ARRIVALS
南昌	NANCHANG	22 757	52 828	2.32	4 724
九江	JIUJIANG	9 364	20 578	2.20	10 443
济南	JINAN	35 454	74 922	2.11	18 231
青岛	QINGDAO	297 351	900 179	3.03	24 148
烟台	YANTAI	89 783	276 150	3.08	5 592
威海	WEIHAI	82 952	188 683	2.27	939
郑州	ZHENGZHOU	59 600	195 400	3.28	18 200
洛阳	LUOYANG	22 749	31 124	1.37	3 433
武汉	WUHAN	173 051	406 928	2.35	22 467
长沙	CHANGSHA	33 304	99 581	2.99	7 103
广州	GUANGZHOU	1 016 953	2 468 903	2.43	2 060 148
深圳	SHENZHEN	698 867	1 799 609	2.58	3 289 240
珠海	ZHUHAI	116 518	406 157	3.49	444 393
汕头	SHANTOU	39 767	86 508	2.18	107 519
湛江	ZHANJIANG	4 914	11 948	2.43	8 207
中山	ZHONGSHAN	52 448	149 748	2.86	334 833
南宁	NANNING	24 276	43 015	1.77	5 662
桂林	GUILIN	218 018	350 466	1.61	71 781
北海	BEIHAI	6 554	9 801	1.50	4 361
海口	HAIKOU	25 742	54 209	2.11	25 736
三亚	SANYA	93 500	190 593	2.04	31 776
重庆	CHONGQING	181 744	530 293	2.92	26 627
成都	CHENGDU	139 419	413 258	2.96	34 278
贵阳	GUIYANG	15 613	36 627	2.35	19 353
昆明	KUNMING	238 885	405 041	1.70	62 521
拉萨	LHASA	18 162	46 010	2.53	776
西安	XI'AN	255 537	626 065	2.45	32 514
兰州	LANZHOU	11 027	16 487	1.50	2 964
西宁	XINING	5 108	12 603	2.47	2 726
银川	YINCHUAN	1 776	4 491	2.53	297
乌鲁木齐	URUMQI	69 684	220 926	3.17	6 240

同胞 KONG SAR		澳门同胞 MACAO SAR			台湾同胞 TAIWAN PROVINCE		
人天数 (人天) NIGHTS	平均停留 (天) AVERAGE STAY	人　数 (人次) ARRIVALS	人天数 (人天) NIGHTS	平均停留 (天) AVERAGE STAY	人　数 (人次) ARRIVALS	人天数 (人天) NIGHTS	平均停留 (天) AVERAGE STAY
9 021	1.91	1 301	3 182	2.45	5 556	14 953	2.69
17 126	1.64	4 652	7 292	1.57	14 632	29 635	2.03
29 799	1.63	799	1 221	1.53	12 469	19 547	1.57
49 888	2.07	644	1 303	2.02	20 816	37 806	1.82
13 268	2.37	1 520	8 846	5.82	17 165	136 769	7.97
1 983	2.11	31	66	2.13	5 308	15 606	2.94
47 800	2.63	2 600	6 900	2.65	15 600	42 900	2.75
6 636	1.93	23	69	3.00	586	2 027	3.46
63 966	2.85	740	1 084	1.46	28 150	79 117	2.81
22 772	3.21	249	744	2.99	7 825	14 736	1.88
4 125 887	2.00	209 182	414 527	1.98	339 100	751 681	2.22
5 850 094	1.78	25 278	36 657	1.45	337 943	872 166	2.58
625 842	1.41	145 735	217 036	1.49	347 846	523 180	1.50
195 413	1.82	5 906	13 557	2.30	15 060	28 626	1.90
17 423	2.12	1 377	3 721	2.70	549	963	1.75
495 553	1.48	94 161	147 833	1.57	94 181	159 166	1.69
9 758	1.72	356	699	1.96	4 614	7 046	1.53
117 495	1.64	1 571	2 891	1.84	154 289	210 198	1.36
5 405	1.24	294	352	1.20	1 984	2 752	1.39
40 543	1.58	1 104	1 428	1.29	20 585	44 703	2.17
54 160	1.70	3 068	6 568	2.14	6 860	13 108	1.91
68 953	2.59	791	2 620	3.31	25 359	60 831	2.40
74 260	2.17	1 950	3 410	1.75	50 899	97 151	1.91
44 188	2.28	973	2 690	2.76	16 267	39 723	2.44
99 326	1.59	1 707	2 660	1.56	123 554	151 606	1.23
1 998	2.57	953	2 310	2.42	1 415	3 609	2.55
79 659	2.45	1 852	4 537	2.45	46 751	114 539	2.45
4 203	1.42	141	260	1.84	4 262	5 512	1.29
6 005	2.20	467	1 058	2.27	5 401	10 904	2.02
610	2.05	7	11	1.57	298	654	2.19
10 525	1.69	87	114	1.31	2 655	4 205	1.58

5－6　2003年主要城市接待

FOREIGN TOURISTS BY MAJOR

城市名称 NAME OF CITY		合　计 TOTAL	#日　本 JAPAN	#韩　国 KOREA	#马来西亚 MALA-YSIA	#菲律宾 PHILIP-PINES	#新加坡 SINGA-PORE
北　京	BEIJING	1 526 601	292 256	245 317	43 977	5 522	42 891
天　津	TIANJIN	456 115	212 580	115 409	8 863	18 516	10 315
石家庄	SHIJIAZHUANG	32 274	4 371	3 393	517	55	778
秦皇岛	QINHUANGDAO	78 416	12 485	13 585	1 142	1 633	1838
承　德	CHENGDE	71 707	8 887	2 127	13 441	349	9 449
太　原	TAIYUAN	22 878	5 578	2 930	434	126	770
大　同	DATONG	25 578	9 450	3 322	346	20	840
呼和浩特	HOHHOT	10 773	1 749	403	104	45	153
沈　阳	SHENYANG	150 769	23 474	93 949	1 782	175	3 359
大　连	DALIAN	319 898	176 075	70 862	4 858	1 665	5 598
长　春	CHANGCHUN	51 523	20 690	8 249	216	194	1 668
吉　林	JILIN	8 832	996	1 777	1 001	126	1 689
延　边	YANBIAN	120 120	1 314	23 482	24	10	5
哈尔滨	HARBIN	106 452	30 006	18 110	1 498	108	2 200
上　海	SHANGHAI	1 989 968	722 604	205 514	56 792	91 206	66 530
南　京	NANJING	311 156	48 137	34 521	43 924	2 905	18 735
无　锡	WUXI	259 953	88 106	27 219	42 732	1 936	17 501
苏　州	SUZHOU	479 699	181 287	118 829	30 488	852	26 553
南　通	NANTONG	63 666	27 050	2 564	473	222	1 391
连云港	LIANYUNGANG	15 709	2 994	1 467	259	116	555
杭　州	HANGZHOU	482 109	94 468	142 643	47 482	4 127	22 050
宁　波	NINGBO	136 461	44 205	15 684	3 402	1 971	4 149
温　州	WENZHOU	79 087	6 864	3 186	1 051	565	1 099
合　肥	HEFEI	30 411	8 096	3 090	726	481	902
黄　山	HUANGSHAN	93 511	18 246	18 161	8 890	306	9 785
福　州	FUZHOU	144 792	20 708	7 002	6 750	2 181	13 916
厦　门	XIAMEN	217 988	78 605	21 756	17 128	11 764	25 702
泉　州	QUANZHOU	36 561	4 840	2 169	6 423	3 300	3 927
漳　州	ZHANGZHOU	5 714	1 387	153	822	260	1 199

外国旅游者人数(按国籍分)

CITIES & NATIONALITY 2003

单　位:人次

UNIT:PERSON

#泰　国 THAI-LAND	#美　国 U.S.A.	#加拿大 CANADA	#英　国 UNITED KINGDOM	#法　国 FRANCE	#德　国 GERMANY	#俄罗斯 RUSSIA	#澳大利亚 AUS-TRALIA
23 155	194 024	37 764	81 028	54 737	62 968	51 525	34 545
1 875	18 059	6 044	6 862	5 669	4 084	8 729	2 114
38	2 212	496	509	629	1 394	12 729	527
1 292	2 993	858	3 963	2 540	3 170	18 039	1 012
932	3 019	1 318	13 607	6 525	2 982	191	459
489	2 581	539	870	1 584	1 535	441	837
413	1 347	169	656	1 650	1 069	9	244
16	715	296	215	171	234	35	431
1 049	5 988	999	1 050	849	3 199	7 083	991
1 524	9 022	2 946	3 831	1 579	4 303	14 312	2 781
353	1 075	577	955	589	7 156	287	451
389	904	86	134	49	256	31	74
18	387	35	11	7	18	90 128	28
937	2 280	1 158	683	1 037	860	27 180	894
22 354	188 016	34 502	8 397	44 798	89 208	18 663	39 572
5 320	42 970	9 479	12 398	8 672	16 948	1 111	9 885
16 105	22 248	3 801	3 229	1 763	7 020	592	3 972
7 868	33 916	7 516	9 153	8 037	12 202	742	7 400
356	16 738	1 626	1 782	398	2 272	183	1 157
301	2 232	652	321	436	1 262	2 339	609
20 892	37 048	8 440	7 766	7 772	12 353	1 982	8 239
1 962	14 059	2 681	4 453	4 188	4 985	1 837	3 854
580	2 434	948	1 202	2 338	2 819	910	872
158	4 671	752	920	861	2 003	156	803
5 319	8 876	1 302	1 758	1 706	1 533	242	2 890
347	72 907	2 629	1 901	687	3 632	878	2 023
4 516	17 899	2 880	4 111	2 655	4 996	379	3 480
698	2 058	486	835	584	666	237	430
57	329	75	55	73	514	17	69

5－6(续1)

城市名称 NAME OF CITY	合 计 TOTAL	＃日 本 JAPAN	＃韩 国 KOREA	＃马来西亚 MALA-YSIA	＃菲律宾 PHILIP-PINES	＃新加坡 SINGA-PORE
南 昌 NANCHANG	22 757	3 168	725	317	60	561
九 江 JIUJIANG	9 364	2 310	1 403	387	183	500
济 南 JINAN	35 454	7 660	7 898	2 763	211	2 242
青 岛 QINGDAO	297 351	94 457	151 963	36 65	2 630	3 806
烟 台 YANTAI	89 783	19 969	46 053	575	3 860	1 324
威 海 WEIHAI	82 952	9 709	67 711	131	223	238
郑 州 ZHENGZHOU	59 600	10 748	3 412	4 874	674	2 005
洛 阳 LUOYANG	22 749	3 387	1 748	2 978	514	1 521
武 汉 WUHAN	173 051	36 052	13 134	4 535	655	4 086
长 沙 CHANGSHA	33 304	4 867	3 069	574	95	787
广 州 GUANGZHOU	1 016 953	177 301	34 433	44 167	3 434	22 556
深 圳 SHENZHEN	698 867	221 780	69 068	32 075	7 161	37 391
珠 海 ZHUHAI	116 518	41 805	3 344	4 439	273	4 109
汕 头 SHANTOU	39 767	5 016	1 240	2 153	194	3 112
湛 江 ZHANJIANG	4 914	527	388	165	123	501
中 山 ZHONGSHAN	52 448	24 494	3 286	3 269	604	2 108
南 宁 NANNING	24 276	1 411	293	458	53	471
桂 林 GUILIN	218 018	70 568	43 988	18 976	440	1 778
北 海 BEIHAI	6 554	457	119	45	18	99
海 口 HAIKOU	25 742	3 786	1 192	3 040	493	3 036
三 亚 SANYA	93 500	10 320	18 172	2 099	313	1 734
重 庆 CHONGQING	181 744	3 6152	18 337	4 196	1 008	3 827
成 都 CHENGDU	139 419	39 445	9 187	5 461	717	10 650
贵 阳 GUIYANG	15 613	3 839	380	1 446	844	1 362
昆 明 KUNMING	238 885	41 911	34 752	32 491	1 026	21 889
拉 萨 LHASA	18 162	3 282	1 120	187	16	260
西 安 XI'AN	255 537	51 418	51 201	3 657	375	2 134
兰 州 LANZHOU	11 027	1 506	805	907	48	318
西 宁 XINING	5 108	1 141	445	9	2	506
银 川 YINCHUAN	1 776	736	99	40	7	53
乌鲁木齐 URUMQI	69 684	6 806	1 311	685	216	460

#泰　国 THAI-LAND	#美　国 U.S.A.	#加拿大 CANADA	#英　国 UNITED KINGDOM	#法　国 FRANCE	#德　国 GERMANY	#俄罗斯 RUSSIA	#澳大利亚 AUS-TRALIA
145	2 287	792	1410	316	461	106	682
411	649	238	483	89	289	87	305
300	3 881	1 056	889	632	1 450	312	911
759	9 600	1 700	2275	1 809	3 756	4 546	2 339
391	2 127	577	978	551	1 197	1945	558
95	1 055	162	426	330	540	189	246
1 848	3 018	730	1 538	2 078	2 631	1 633	468
1 102	1 641	2 341	2 147	1 567	2 347	1 102	345
2 322	31 188	6 869	13 047	9 386	18 055	617	4 517
222	10 752	2 065	951	1 055	1 056	503	898
16 960	77 377	15 533	19 132	13 693	16 612	7 291	16 503
24 451	92 608	14 183	23 915	13 316	14 859	3 539	14 413
1 249	10 057	1 904	2 271	1 029	2 110	200	2 131
5 574	2 099	561	457	558	440	237	566
210	903	382	409	250	140	124	453
486	8 532	1 507	1 335	800	1 058	245	1 056
907	3 486	781	949	438	514	36	912
5 583	17 899	3 404	7 585	6 927	8 110	76	3 936
79	367	78	111	56	83	15	112
1 334	2 529	567	295	277	442	224	480
537	3 919	1 392	2 639	838	2 090	7 994	1 183
2 321	38 905	4 681	18 186	4 262	16 639	2 104	5 398
13 305	21 257	4 696	4 841	3 604	8 974	463	3 896
621	1 402	275	629	971	469	59	174
28 063	15 796	3 726	4 672	5 244	4 882	975	4 291
108	4 654	590	1 540	1 443	1 521	430	670
3 268	32 927	6 385	21 122	8 131	15 966	691	7 801
135	1 469	522	596	490	541	146	279
5	647	316	363	438	205	4	156
5	159	78	58	87	137	34	36
140	2 373	416	635	487	942	46 038	957

六、星级饭店基本情况

6. STATISTICS OF STAR - RATED HOTELS

6-1 2003年全国星级饭店

BREAKDOWN OF STAR-RATED HOTELS BY ECONOMIC TYPE,

饭店类型、规模和星级 ECONOMIC TYPE, CAPACITY & STAR-RATING		饭店数（座） NUMBER OF HOTELS	房间数（间） NUMBER OF ROOMS	床位数（张） NUMBER OF BEDS
一、饭店经济类型	ECONOMIC TYPE			
合计	**TOTAL**	**9 751**	**992 804**	**1 887 740**
国有企业	STATE-OWNED	5 622	553 642	1 070 147
集体企业	COLLECTIVE	909	72 519	139 779
股份合作企业	SHARE HOLDING CO-OPERATIVE	189	19 763	36 389
联营企业	ALLIANCE	95	9 906	18 713
有限责任公司	LIMITED LIABILITY	860	89 650	164 548
股份有限公司	LIMITED LIABILITY SHARE	359	42 706	80 091
私营经济	PRIVATE-OWNED	635	43 404	82 360
其他企业	OTHERS	404	33 729	66 825
港澳台投资	H.K.,MACAO,TAIWAN INVESTED	411	71 007	122 119
外商投资	FOREIGN INVESTED	267	56 478	106 769
二、饭店规模	CAPACITY			
合计	**TOTAL**	**9 751**	**992 804**	**1 887 740**
客房数500间以上	ROOMS OVER 500	83	68 152	122 807
客房数300～499间	ROOMS BETWEEN 300-499	349	127 989	228 335
客房数200～299间	ROOMS BETWEEN 200-299	680	163 425	296 503
客房数100～199间	ROOMS BETWEEN 100-199	2 324	319 835	616 331
客房数99间以下	ROOMS UNDER 99	6 315	313 403	623 764
三、饭店星级	STAR-RATED HOTELS			
合计	**TOTAL**	**9 751**	**992 804**	**1 887 740**
五星级	5-STAR	198	69 576	121 825
四星级	4-STAR	727	157 610	280 945
三星级	3-STAR	3 166	377 493	712 287
二星级	2-STAR	4 864	346 903	689 583
一星级	1-STAR	796	41 222	83 100

基本情况(按经济类型、规模和星级分)

CAPACITY,STAR-RATING & FINANCE 2003

客房出租率(%) ROOM OCCUPANCY (%)	营业收入 (万元) TOTAL REVENUE (10000 RMB¥)	营业税金 (万元) TAX (10000 RMB¥)	固定资产 (万元) FIXED ASSETS (10000 RMB¥)
56.14	**9 831 646.94**	**495 178.57**	**29 155 538.08**
55.05	4 096 341.97	194 937.40	13 485 443.77
54.81	551 032.07	28 875.94	1 762 279.81
56.63	166 137.16	7 996.21	550 872.24
54.58	78 176.16	3 841.72	264 369.03
60.30	905 464.94	45 065.64	2 435 753.64
59.49	483 554.34	23 204.06	1 557 609.65
56.12	262 163.16	14 284.03	651 466.70
55.62	254 579.33	11 329.16	913 736.43
57.70	2 075 896.77	117 453.43	3 883 305.80
55.74	958 301.04	48 190.98	3 650 701.01
56.14	**9 831 646.94**	**495 178.57**	**29 155 538.08**
54.75	1 002 962.41	44 073.07	2 800 957.57
56.86	1 622 218.84	73 569.79	6 550 239.75
57.83	1 830 756.53	73 905.20	5 672 082.05
56.95	2 385 706.48	120 975.74	8 092 345.37
54.47	2 990 002.68	182 654.77	6 039 913.34
56.14	**9 831 646.94**	**495 178.57**	**29 155 538.08**
56.28	1 752 665.43	83 555.61	5 854 377.07
59.30	2 418 161.88	100 917.93	7 592 095.33
57.16	4 001 239.47	221 233.50	10 139 411.40
53.73	1 551 950.39	76 565.22	5 008 652.45
48.66	107 629.77	12 906.31	561 001.83

6-2 2003年全国星级饭店

BREAKDOWN OF STAR-RATED HOTELS, ROOMS,

地　区 LOCALITY	饭店数（家）NUMBER OF HOTELS	房间数（间）NUMBER OF ROOMS	床位数（张）NUMBER OF BEDS
总　计 TOTAL	**9 751**	**992 804**	**1 887 740**
北　京 BEIJING	617	100 148	185 538
天　津 TIANJIN	87	10 837	20 076
河　北 HEBEI	313	30 984	61 367
山　西 SHANXI	236	20 624	40 436
内蒙古 INNER MONGOLIA	132	10 022	20 309
辽　宁 LIAONING	379	39 051	71 204
吉　林 JILIN	192	15 400	32 318
黑龙江 HEILONGJIANG	205	18 034	36 127
上　海 SHANGHAI	338	55 761	97 651
江　苏 JIANGSU	590	59 227	112 247
浙　江 ZHEJIANG	733	71 339	132 347
安　徽 ANHUI	298	27 077	51 862
福　建 FUJIAN	305	27 679	51 615
江　西 JIANGXI	187	15 573	30 483
山　东 SHANDONG	482	54 796	105 152
河　南 HENAN	359	36 191	67 301
湖　北 HUBEI	540	42 188	82 659
湖　南 HUNAN	356	21 086	42 228
广　东 GUANGDONG	967	95 032	170 849
广　西 GUANGXI	293	34 992	67 703
海　南 HAINAN	199	28 171	53 228
重　庆 CHONGQING	147	16 963	30 915
四　川 SICHUAN	346	39 844	75 263
贵　州 GUIZHOU	112	10 849	21 259
云　南 YUNNAN	572	38 460	74 558
西　藏 TIBET	58	4 510	8 955
陕　西 SHAANXI	229	18 952	47 153
甘　肃 GANSU	157	16 880	33 466
青　海 QINGHAI	50	4 572	9 110
宁　夏 NINGXIA	33	2 968	5 901
新　疆 XINJIANG	239	24 594	48 460

基本情况(按地区分)

OCCUPANCIES & FINANCE BY LOCALITY 2003

客房出租率 (%) ROOM OCCU-PANCY (%)	营业收入 (万元) TOTAL REVENUE (10000 RMB¥)	营业税金 (万元) TAX (10000 RMB¥)	固定资产 (万元) FIXED ASSETS (10000 RMB¥)
56.14	**9 831 646.94**	**495 178.57**	**29 155 538.08**
51.26	1 237 543.57	46 987.67	4 427 991.24
45.06	106 134.26	5 033.14	291 305.22
0.00	184 226.50	12 669.94	903 599.68
54.92	123 851.68	5 719.89	393 001.49
49.70	51 112.74	2 672.16	125 814.04
50.73	323 852.38	16 865.10	1 567 000.19
51.23	106 298.72	5 325.38	533 218.15
51.74	108 032.92	5 049.51	625 033.73
61.42	968 705.91	48 039.65	2 591 767.75
61.48	767 476.36	28 470.98	1 899 864.07
66.62	999 938.84	40 180.35	2 122 448.96
56.59	132 041.89	9 159.71	392 566.20
56.68	245 870.45	15 880.70	648 221.88
60.51	93 048.63	4 520.26	339 393.84
54.06	333 838.00	16 970.66	1 399 261.04
61.38	165 498.10	7 714.82	540 735.68
51.88	245 610.73	12 712.83	919 783.77
65.61	177 741.00	17 322.00	433 774.98
55.61	2 137 946.35	128 859.19	3 127 352.05
52.88	181 853.44	9 166.58	768 616.49
56.89	125 999.17	6 844.29	820 309.10
59.60	159 309.84	6 584.08	520 618.65
53.43	244 012.73	11 384.62	1 081 018.28
57.88	86 440.87	4 371.27	286 356.82
53.29	127 735.98	6 142.22	789 492.67
34.35	12 165.00	496.00	117 300.00
58.42	125 474.93	5 658.99	476 855.45
56.72	75 274.19	3 881.92	339 256.17
38.41	21 903.06	1 037.20	66 789.05
57.73	22 017.23	1 190.65	71 706.86
49.72	140 691.47	8 266.81	535 084.58

6-3 2003年全国各地区星级

NUMBER OF STAR-RATED HOTELS BY

地　区 LOCALITY		总　计 TOTAL	国有企业 STATE-OWNED	集体企业 COLLEC-TIVE	股份合作企业 SHARE HOLDING CO-OPERATIVE	联营企业 ALLIANCE
总　计	**TOTAL**	**9 751**	**5 622**	**909**	**189**	**95**
北　京	BEIJING	617	336	95	19	10
天　津	TIANJIN	87	46	9	0	0
河　北	HEBEI	313	298	3	0	0
山　西	SHANXI	236	121	19	4	1
内蒙古	INNER MONGOLIA	132	114	6	0	0
辽　宁	LIAONING	379	183	31	5	1
吉　林	JILIN	192	151	6	5	0
黑龙江	HEILONGJIANG	205	88	2	1	0
上　海	SHANGHAI	338	151	31	8	9
江　苏	JIANGSU	590	322	66	2	5
浙　江	ZHEJIANG	733	298	57	45	5
安　徽	ANHUI	298	186	25	3	2
福　建	FUJIAN	305	119	33	7	6
江　西	JIANGXI	187	155	4	5	1
山　东	SHANDONG	482	305	46	9	5
河　南	HENAN	359	255	32	3	1
湖　北	HUBEI	540	404	57	3	3
湖　南	HUNAN	356	247	33	1	4
广　东	GUANGDONG	967	401	124	25	19
广　西	GUANGXI	293	139	30	3	5
海　南	HAINAN	199	73	21	13	8
重　庆	CHONGQING	147	96	6	1	0
四　川	SICHUAN	346	167	27	9	3
贵　州	GUIZHOU	112	106	0	1	0
云　南	YUNNAN	572	249	89	11	6
西　藏	TIBET	58	21	11	3	0
陕　西	SHAANXI	229	181	17	0	1
甘　肃	GANSU	157	153	0	0	0
青　海	QINGHAI	50	27	2	2	0
宁　夏	NINGXIA	33	33	0	0	0
新　疆	XINJIANG	239	197	27	1	0

饭店数(按经济类型分)

ECONOMIC TYPE 2003

单　位:家
UNIT:NUMBER

有限责任公司 LIMITED LIABILITY	股份有限公司 LIMITED LIABILITY SHARES	私营企业 PRIVATE-OWNED	其他内资企业 OTHER DOMESTIC FUNDED	港澳台投资企业 H.K.,MACAO, TAIWAN INVESTED	外商投资企业 FOREIGN INVESTED
860	**359**	**635**	**404**	**411**	**267**
36	16	33	6	24	42
9	3	4	0	5	11
2	1	2	3	2	2
30	18	24	14	3	2
8	2	2	0	0	0
43	24	30	5	32	25
2	3	6	2	4	13
9	2	8	90	4	1
58	21	18	10	19	13
70	22	28	43	17	15
149	48	98	22	11	0
27	15	17	5	8	10
35	9	45	4	30	17
0	3	3	4	6	6
33	23	33	2	11	15
19	10	31	2	4	2
17	15	18	11	12	0
18	9	19	3	18	4
94	33	66	16	149	40
43	11	29	4	22	7
30	16	15	4	9	10
15	3	7	12	3	4
55	22	22	27	10	4
1	1	0	1	1	1
38	18	46	100	5	10
0	2	8	13	0	0
9	4	8	0	1	8
1	1	0	0	0	2
3	1	14	1	0	0
0	0	0	0	0	0
6	3	1	0	1	3

6－4　2003年全国各地区星级饭店数(按规模分)

NUMBER OF STAR－RATED HOTELS BY CAPACITY 2003

单　位:家

UNIT:NUMBER

地　区 LOCALITY		总　计 TOTAL	客房数 500以上 ROOMS OVER 500	客房数 300～499 ROOMS BETWEEN 300－499	客房数 200～299 ROOMS BETWEEN 200－299	客房数 100～199 ROOMS BETWEEN 100－199	客房数 99以下 ROOMS UNDER 99
总　计	**TOTAL**	**9 751**	**83**	**349**	**680**	**2 324**	**6 315**
北　京	BEIJING	617	26	63	53	132	343
天　津	TIANJIN	87	1	4	10	26	46
河　北	HEBEI	313	1	4	18	111	179
山　西	SHANXI	236	0	1	9	65	161
内蒙古	INNER MONGOLIA	132	1	0	4	30	97
辽　宁	LIAONING	379	3	10	30	99	237
吉　林	JILIN	192	1	3	10	32	146
黑龙江	HEILONGJIANG	205	0	2	11	46	146
上　海	SHANGHAI	338	15	33	41	109	140
江　苏	JIANGSU	590	2	24	42	154	368
浙　江	ZHEJIANG	733	3	13	59	190	468
安　徽	ANHUI	298	0	28	25	22	223
福　建	FUJIAN	305	0	10	19	63	213
江　西	JIANGXI	187	0	3	13	31	140
山　东	SHANDONG	482	3	14	37	138	290
河　南	HENAN	359	0	8	27	111	213
湖　北	HUBEI	540	0	10	20	99	411
湖　南	HUNAN	356	0	4	11	44	297
广　东	GUANGDONG	967	15	37	62	198	655
广　西	GUANGXI	293	2	14	28	88	161
海　南	HAINAN	199	3	12	31	67	86
重　庆	CHONGQING	147	0	7	15	44	81
四　川	SICHUAN	346	1	9	31	122	183
贵　州	GUIZHOU	112	0	1	7	38	66
云　南	YUNNAN	572	3	9	20	81	459
西　藏	TIBET	58	0	1	2	5	50
陕　西	SHAANXI	229	2	11	17	42	157
甘　肃	GANSU	157	1	5	11	44	96
青　海	QINGHAI	50	0	2	0	15	33
宁　夏	NINGXIA	33	0	0	0	13	20
新　疆	XINJIANG	239	0	7	17	65	150

6－5　2003年全国各地区星级饭店数(按星级分)
NUMBER OF STAR－RATED HOTELS BY STAR－RATING 2003

单　位:家
UNIT:NUMBER

地　区 LOCALITY		星级饭店合计 TOTAL	五星级 5－STAR	四星级 4－STAR	三星级 3－STAR	二星级 2－STAR	一星级 1－STAR
总　计	**TOTAL**	**9 751**	**198**	**727**	**3 166**	**4 864**	**796**
北　京	BEIJING	617	30	62	196	268	61
天　津	TIANJIN	87	1	12	41	28	5
河　北	HEBEI	313	2	20	106	164	21
山　西	SHANXI	236	0	17	78	139	2
内蒙古	INNER MONGOLIA	132	2	3	26	79	22
辽　宁	LIAONING	379	8	29	152	142	48
吉　林	JILIN	192	4	14	55	106	13
黑龙江	HEILONGJIANG	205	3	13	67	87	35
上　海	SHANGHAI	338	20	30	123	146	19
江　苏	JIANGSU	590	16	63	206	287	18
浙　江	ZHEJIANG	733	7	56	203	383	84
安　徽	ANHUI	298	4	17	86	176	15
福　建	FUJIAN	305	5	12	127	148	13
江　西	JIANGXI	187	2	6	64	104	11
山　东	SHANDONG	482	9	38	176	235	24
河　南	HENAN	359	4	22	132	196	5
湖　北	HUBEI	540	3	17	123	304	93
湖　南	HUNAN	356	7	15	114	200	20
广　东	GUANGDONG	967	35	104	387	398	43
广　西	GUANGXI	293	5	17	97	155	19
海　南	HAINAN	199	8	31	92	58	10
重　庆	CHONGQING	147	2	14	51	78	2
四　川	SICHUAN	346	4	36	109	167	30
贵　州	GUIZHOU	112	0	9	20	63	20
云　南	YUNNAN	572	6	29	81	345	111
西　藏	TIBET	58	0	1	25	24	8
陕　西	SHAANXI	229	4	13	77	124	11
甘　肃	GANSU	157	1	9	42	96	9
青　海	QINGHAI	50	0	3	16	26	5
宁　夏	NINGXIA	33	0	3	18	10	2
新　疆	XINJIANG	239	6	12	76	128	17

6-6 2003年主要城市星级饭店基本经济指标
MAJOR STATISTICS OF STAR-RATED HOTELS IN MAJOR CITIES 2003

单 位:万元

UNIT:10000 RMB¥

城市名称 NAME OF CITY		营业收入 TOTAL REVENUE	#客房收入 ROOM	#餐饮收入 FOOD & BEVERAGE
北　　京	BEIJING	1 237 544	521 412	331 603
天　　津	TIANJIN	106 134	51 956	34 032
石 家 庄	SHIJIAZHUANG	65 576	23 398	34 869
秦 皇 岛	QINHUANGDAO	25 894	10 615	12 904
承　　德	CHENGDE	7 306	3 363	3 394
太　　原	TAIYUAN	54 950	28 552	17 011
大　　同	DATONG	12 156	4 544	6 472
呼和浩特	HOHHOT	18 615	8 430	8 831
沈　　阳	SHENYANG	117 969	59 659	43 470
大　　连	DALIAN	139 129	61 145	55 460
长　　春	CHANGCHUN	71 735	34 088	29 893
吉　　林	JILIN	13 837	6 131	6 775
延　　边	YANBIAN	9 510	4 728	4 110
哈 尔 滨	HARBIN	79 634	45 602	25 947
上　　海	SHANGHAI	968 706	516 959	300 336
南　　京	NANJING	220 622	65 718	77 159
无　　锡	WUXI	119 210	45 681	62 057
苏　　州	SUZHOU	145 707	71 681	61 273
南　　通	NANTONG	24 986	10 679	12 933
连 云 港	LIANYUNGANG	85 131	77 792	6 536
杭　　州	HANGZHOU	391 786	122 565	102 042
宁　　波	NINGBO	160 464	72 064	67 791
温　　州	WENZHOU	90 721	41 590	41 989
合　　肥	HEFEI	54 059	32 551	17 195
黄　　山	HUANGSHAN	16 107	12 216	3 156
福　　州	FUZHOU	65 129	29 471	28 463
厦　　门	XIAMEN	90 195	46 835	31 972
泉　　州	QUANZHOU	54 986	18 167	26 965
漳　　州	ZHANGZHOU	7 266	3 003	3 278

6－6(续1)

城市名称 NAME OF CITY		营业收入 TOTAL REVENUE	#客房收入 ROOM	#餐饮收入 FOOD & BEVERAGE
南　昌	NANCHANG	37 748	22 280	9 802
九　江	JIUJIANG	11 625	6 530	4 047
济　南	JINAN	60 113	25 948	27 314
青　岛	QINGDAO	90 091	44 437	35 954
烟　台	YANTAI	27 990	11 277	12 917
威　海	WEIHAI	40 171	13 368	21 272
郑　州	ZHENGZHOU	73 940	32 163	33 592
洛　阳	LUOYANG	15 931	6 352	7 642
武　汉	WUHAN	110 960	55 782	42 173
长　沙	CHANGSHA	73 682	31 395	30 199
广　州	GUANGZHOU	467 088	184 016	168 847
深　圳	SHENZHEN	339 908	156 314	134 091
珠　海	ZHUHAI	77484	43331	25840
汕　头	SHANTOU	27 074	13 837	9 670
湛　江	ZHANJIANG	13 700	5 202	6 929
中　山	ZHONGSHAN	45 035	14 015	24 699
南　宁	NANNING	54 669	24 123	23 512
桂　林	GUILIN	43 454	23 345	15 644
北　海	BEIHAI	17 855	9 400	6 873
海　口	HAIKOU	48 658	29 178	12 245
三　亚	SANYA	47 128	31 676	12 415
重　庆	CHONGQING	159 310	69 401	61 252
成　都	CHENGDU	134 195	67 947	38 767
贵　阳	GUIYANG	50 121	18 512	18 736
昆　明	KUNMING	79468	39185	27 312
拉　萨	LHASA	8 449	4 683	2 736
西　安	XI'AN	93 494	48 275	36 093
兰　州	LANZHOU	40 689	18 731	13 211
西　宁	XINING	17 688	9 165	6 097
银　川	YINCHUAN	16 794	6 539	7 671
乌鲁木齐	URUMQI	90 499	37 007	43 932

6－7　2003年全国星级

MAJOR STATISTICS IN

地方/项目 LOCALITY/ITEM	全员劳动生产率 (万元/人) OLP(10000 RMB¥/PER)	人均占用固定资产原值 (万元/人) AF(10000 RMB¥/PER)	百元固定资产创营业收入 (元) REVENUE/100F.A (RMB¥)	平均客房出租率 (%) OCCUPANCY (%)
总　计　TOTAL	**7.28**	**21.59**	**33.72**	**56.14**
北　京　BEIJING	9.85	35.25	27.95	51.26
天　津　TIANJIN	7.57	20.78	36.43	45.06
河　北　HEBEI	4.28	21.01	20.39	0.00
山　西　SHANXI	3.61	11.45	31.51	54.92
内蒙古　INNER MONGOLIA	3.48	8.56	40.63	49.70
辽　宁　LIAONING	6.37	30.83	20.67	50.73
吉　林　JILIN	4.28	21.47	19.94	51.23
黑龙江　HEILONGJIANG	4.36	25.24	17.28	51.74
上　海　SHANGHAI	12.83	34.32	37.38	61.42
江　苏　JIANGSU	9.03	22.35	40.40	61.48
浙　江　ZHEJIANG	9.87	20.95	47.11	66.62
安　徽　ANHUI	3.59	10.68	33.64	56.59
福　建　FUJIAN	5.97	15.73	37.93	56.68
江　西　JIANGXI	4.66	16.98	27.42	60.51
山　东　SHANDONG	4.42	18.51	23.86	54.06
河　南　HENAN	3.50	11.43	30.61	61.38
湖　北　HUBEI	4.48	16.77	26.70	51.88
湖　南　HUNAN	5.29	12.91	40.98	65.61
广　东　GUANGDONG	13.79	20.18	68.36	55.61
广　西　GUANGXI	4.40	18.59	23.66	52.88
海　南　HAINAN	4.95	32.25	15.36	56.89
重　庆　CHONGQING	6.11	19.97	30.60	59.60
四　川　SICHUAN	5.00	22.15	22.57	53.43
贵　州　GUIZHOU	6.19	20.52	30.19	57.88
云　南　YUNNAN	2.51	15.51	16.18	53.29
西　藏　TIBET	1.26	12.16	10.37	34.35
陕　西　SHAANXI	6.52	24.78	26.31	58.42
甘　肃　GANSU	4.00	18.05	22.19	56.72
青　海　QINGHAI	4.25	12.95	32.79	38.41
宁　夏　NINGXIA	4.50	14.66	30.70	57.73
新　疆　XINJIANG	5.01	19.07	26.29	49.72

饭店主要经济指标

STAR - RATED HOTELS 2003

营业收入总额（万元）TOTAL REVENUE (10000RMB¥)	营业收入构成（%）BREAKDOWN OF TOTAL REVENUE			
	客房 ROOM	餐饮 FOOD & BEVERAGE	商品 SHOPPING	其他 OTHERS
9 831 646.94	**45.11**	**37.58**	**5.60**	**11.71**
1 237 543.57	42.13	26.80	12.89	18.18
106 134.26	48.95	32.06	4.04	14.94
184 226.50	38.81	50.52	2.45	8.22
123 851.68	45.47	40.64	3.95	9.95
51 112.74	45.32	44.48	5.67	4.53
323 852.38	46.61	39.34	1.96	12.10
106 298.72	46.73	43.36	1.74	8.16
108 032.92	54.96	34.44	1.54	9.07
968 705.91	53.37	31.00	2.63	13.00
767 476.36	44.56	39.18	7.37	8.90
999 938.84	37.54	39.22	16.03	7.21
132 041.89	61.10	31.49	3.26	4.14
245 870.45	45.00	41.06	3.14	10.80
93 048.63	61.66	29.86	2.17	6.31
333 838.00	40.54	46.92	5.02	7.53
165 498.10	42.26	49.16	2.23	6.35
245 610.73	47.01	42.38	2.75	7.86
177 741.00	45.68	40.40	2.73	11.19
2 137 946.35	43.95	40.83	1.29	13.94
181 853.44	47.55	42.40	3.42	6.63
125 999.17	63.19	26.72	0.98	9.11
159 309.84	43.56	38.45	4.23	13.76
244 012.73	47.33	34.83	1.93	15.91
86 440.87	30.88	37.99	16.69	14.44
127 735.98	52.02	32.88	3.12	11.97
12 165.00	55.51	30.88	3.16	10.45
125 474.93	48.77	41.78	4.03	5.42
75 274.19	46.64	36.99	3.96	12.41
21 903.06	50.74	35.25	3.36	10.65
22 017.23	38.15	48.04	2.07	11.74
140 691.47	42.37	48.37	1.07	8.19

6-8　2003年全国国有星级

MAJOR STATISTICS IN

地方/项目 LOCALITY/ITEM	全员劳动生产率(万元/人) OLP(10000 RMB¥/PER)	人均占用固定资产原值(万元/人) AF(10000 RMB¥/PER)	百元固定资产创营业收入(元) REVENUE/100F.A (RMB¥)	平均客房出租率(%) OCCUPANCY (%)
总　计　TOTAL	**5.71**	**18.81**	**30.38**	**55.05**
北　京　BEIJING	6.90	29.84	23.11	49.55
天　津　TIANJIN	5.94	15.86	37.47	41.43
河　北　HEBEI	4.27	21.53	19.85	0.00
山　西　SHANXI	4.24	13.82	30.66	56.12
内蒙古　INNER MONGOLIA	3.49	7.79	44.78	48.71
辽　宁　LIAONING	4.55	20.80	21.86	46.78
吉　林　JILIN	3.57	15.71	22.70	51.43
黑龙江　HEILONGJIANG	2.82	13.15	21.42	48.01
上　海　SHANGHAI	12.00	31.98	37.51	60.64
江　苏　JIANGSU	9.56	20.66	46.27	59.87
浙　江　ZHEJIANG	10.90	23.48	46.43	64.61
安　徽　ANHUI	3.36	11.52	29.14	53.16
福　建　FUJIAN	5.13	14.38	35.67	53.02
江　西　JIANGXI	4.45	15.83	28.10	60.31
山　东　SHANDONG	4.05	15.70	25.80	52.18
河　南　HENAN	3.74	11.06	33.78	62.53
湖　北　HUBEI	4.04	15.30	26.38	50.72
湖　南　HUNAN	4.50	12.38	36.32	63.13
广　东　GUANGDONG	6.69	16.42	40.76	56.05
广　西　GUANGXI	4.48	17.06	26.25	50.42
海　南　HAINAN	4.59	23.37	19.63	58.41
重　庆　CHONGQING	0.98	13.22	7.43	39.63
四　川　SICHUAN	4.85	15.86	30.61	61.72
贵　州　GUIZHOU	5.05	19.72	25.60	53.34
云　南　YUNNAN	6.37	22.85	27.86	58.79
西　藏　TIBET	2.01	16.82	11.96	53.97
陕　西　SHAANXI	6.20	24.32	25.48	61.75
甘　肃　GANSU	4.00	16.72	23.92	57.11
青　海　QINGHAI	4.23	12.96	32.68	39.59
宁　夏　NINGXIA	4.50	14.66	30.70	57.73
新　疆　XINJIANG	4.91	15.54	31.63	50.40

注：*　本表是全国5061家国有饭店汇总资料。

饭店主要经济指标*

STATE - OWNED STAR - RATED HOTELS 2003

营业收入总额（万元） TOTAL REVENUE (10000RMB¥)	营业收入构成(%) BREAKDOWN OF TOTAL REVENUE			
	客 房 ROOM	餐 饮 FOOD & BEVERAGE	商 品 SHOPPING	其 他 OTHERS
4 096 341.97	**45.17**	**36.87**	**6.87**	**11.09**
417 663.58	47.37	30.98	1.86	19.79
43 223.33	47.29	32.59	3.12	17.00
176 215.32	38.89	50.26	2.38	8.46
73 933.33	49.21	37.24	4.05	9.50
45 427.59	45.69	46.40	3.08	4.82
97 179.51	49.75	40.53	1.01	8.70
69 825.15	46.77	44.91	1.72	6.61
25 477.19	52.38	37.38	1.39	8.86
392 359.89	52.27	30.33	2.86	14.54
424 056.48	46.94	34.52	9.55	8.99
488 852.87	34.06	29.80	29.04	7.10
64 760.01	58.83	32.90	4.14	4.14
69 800.90	45.61	37.25	1.81	15.32
69 851.13	62.20	29.15	2.59	6.05
185 748.87	38.71	49.04	5.36	6.89
127 476.86	43.03	48.52	2.22	6.23
159 228.17	47.07	42.57	2.53	7.82
93 245.00	47.90	37.94	3.78	10.37
348 897.27	44.34	37.77	2.81	15.09
78 167.92	46.86	42.34	5.09	5.71
36 864.99	66.40	26.33	0.73	6.54
6 924.00	61.44	27.46	1.36	9.75
70 699.82	44.40	39.52	2.58	13.50
126 531.57	46.61	34.57	1.57	17.24
71 591.44	26.16	38.33	19.16	16.35
43 011.97	57.09	29.42	1.00	12.49
75 290.58	45.74	43.47	5.78	5.02
71 157.62	46.53	36.64	4.06	12.77
14 809.97	52.35	30.35	3.68	13.62
22 017.23	38.15	48.04	2.07	11.74
106 052.41	41.70	49.52	1.04	7.75

七、旅行社基本情况

7. STATISTICS OF TRAVEL AGENCIES

7-1　2002～2003年全国旅行社单位数
NUMBER OF TRAVEL AGENCIES 2002-2003

单　位：家
UNIT：NUMBER

地　区 LOCALITY	旅行社总数 TOTAL TRAVEL AGENCIES		国际旅行社 INTERNATIONAL TRAVEL AGENCIES		国内旅行社 DOMESTIC TRAVEL AGENCIES	
	2003年 2003	2002年 2002	2003年 2003	2002年 2002	2003年 2003	2002年 2002
总　计　TOTAL	**13 361**	**11 552**	**1 364**	**1 349**	**11 997**	**10 203**
北　京　BEIJING	554	508	166	165	388	343
天　津　TIANJIN	231	221	19	19	212	202
河　北　HEBEI	630	524	31	30	599	494
山　西　SHANXI	406	325	23	23	383	302
内蒙古　INNER MONGOLIA	205	143	28	27	177	116
辽　宁　LIAONING	803	647	57	56	746	591
吉　林　JILIN	239	194	42	41	197	153
黑龙江　HEILONGJIANG	366	337	62	62	304	275
上　海　SHANGHAI	588	541	41	41	547	500
江　苏　JIANGSU	996	844	72	69	924	775
浙　江　ZHEJIANG	855	675	46	46	809	629
安　徽　ANHUI	480	416	36	35	444	381
福　建　FUJIAN	470	421	38	38	432	383
江　西　JIANGXI	399	308	22	21	377	287
山　东　SHANDONG	1 172	1 042	55	55	1 117	987
河　南　HENAN	626	526	30	30	596	496
湖　北　HUBEI	460	342	30	31	430	311
湖　南　HUNAN	439	377	35	34	404	343
广　东　GUANGDONG	680	593	176	178	504	415
广　西　GUANGXI	340	318	50	50	290	268
海　南　HAINAN	157	151	39	39	118	112
重　庆　CHONGQING	203	204	23	23	180	181
四　川　SICHUAN	498	469	50	49	448	420
贵　州　GUIZHOU	142	123	12	12	130	111
云　南　YUNNAN	422	411	40	37	382	374
西　藏　TIBET	45	40	22	20	23	20
陕　西　SHAANXI	307	281	33	34	274	247
甘　肃　GANSU	218	200	27	27	191	173
青　海　QINGHAI	101	89	11	11	90	78
宁　夏　NINGXIA	63	50	7	7	56	43
新　疆　XINJIANG	266	232	41	39	225	193

7-2 2003年旅行社外联、接待入境旅游者情况(按地区分)

INTERNATIONAL TOURISTS LIAISED AND RECEIVED BY TRAVEL AGENCIES 2003

单位:人、人天

UNIT: PERSONS、NIGHTS

地区 LOCALITY		外联 LIAISED		接待 RECEIVED	
		人数 PERSONS	人天数 NIGHTS	人数 PERSONS	人天数 NIGHTS
总计	**TOTAL**	**5 226 476**	**19 733 994**	**8 967 939**	**21 005 697**
北京	BEIJING	1 115 286	5 185 107	1 598 171	4 504 111
天津	TIANJIN	73 238	374 535	65 418	331 974
河北	HEBEI	3 031	22 274	23 111	72 334
山西	SHANXI	7 748	41 861	32 328	122 108
内蒙古	INNER MONGOLIA	60 588	100 896	74 852	137 076
辽宁	LIAONING	56 192	196 649	92 421	238 388
吉林	JILIN	30 386	95 031	29 707	57 752
黑龙江	HEILONGJIANG	118 130	429 470	30 458	64 461
上海	SHANGHAI	342 282	1 273 852	721 369	1 243 346
江苏	JIANGSU	208 447	1 053 815	700 575	977 278
浙江	ZHEJIANG	279 611	1 302 034	480 986	900 584
安徽	ANHUI	14 421	78 406	43 976	162 234
福建	FUJIAN	147 817	776 493	168 852	349 443
江西	JIANGXI	7 941	44 697	13 839	48 477
山东	SHANDONG	91 567	398 377	142 888	413 875
河南	HENAN	10 721	70 915	74 759	205 755
湖北	HUBEI	19 050	111 322	186 385	251 080
湖南	HUNAN	39 440	187 111	107 025	474 902
广东	GUANGDONG	1 871 326	4 281 191	2 843 240	5 134 439
广西	GUANGXI	151 427	553 442	279 648	952 422
海南	HAINAN	78 831	267 909	134 870	444 679
重庆	CHONGQING	124 221	851 512	388 026	1 086 623
四川	SICHUAN	113 294	718 229	165 984	1 032 666
贵州	GUIZHOU	6 881	39 157	18 230	90 623
云南	YUNNAN	99 421	423 291	257 073	809 046
西藏	TIBET	8 603	83 472	12 550	92 993
陕西	SHAANXI	53 807	352 987	165 215	363 434
甘肃	GANSU	7 316	39 980	17 117	47 688
青海	QINGHAI	709	5 802	816	4 925
宁夏	NINGXIA	681	12 167	1 803	4 731
新疆	XINJIANG	84 063	362 010	96 247	386 250

7－3 2003年旅行社组团、接待国内旅游者情况(按地区分)

DOMESTIC TOURISTS ORGANIZED AND RECEIVED BY TRAVEL AGENCIES 2003

单位:人、人天

UNIT: PERSONS、NIGHTS

地区 LOCALITY		组团 ORGANIZED		接待 RECEIVED	
		人数 PERSONS	人天数 NIGHTS	人数 PERSONS	人天数 NIGHTS
总计	**TOTAL**	**36 426 225**	**111 399 766**	**61 853 276**	**109 427 532**
北京	BEIJING	2 356 852	9 078 787	3 153 904	6 999 998
天津	TIANJIN	1 143 846	3 379 314	389 880	542 048
河北	HEBEI	846 211	2 520 796	644 312	1 365 460
山西	SHANXI	518 684	1 991 357	952 712	2 871 979
内蒙古	INNER MONGOLIA	96 252	591 155	133 314	589 103
辽宁	LIAONING	855 927	3 215 974	1 106 053	2 830 055
吉林	JILIN	227 513	1 290 542	213 690	655 710
黑龙江	HEILONGJIANG	484 209	1 920 130	243 702	533 703
上海	SHANGHAI	4 635 588	10 957 670	6 064 190	8 223 314
江苏	JIANGSU	3 880 578	9 673 614	7 148 337	8 708 038
浙江	ZHEJIANG	3 750 396	9 940 339	5 229 382	8 498 892
安徽	ANHUI	513 951	1 663 217	1 519 608	3 140 986
福建	FUJIAN	811 302	2 567 945	2 038 231	3 643 590
江西	JIANGXI	384 227	1 330 770	718 594	1 641 636
山东	SHANDONG	1 166 357	4 647 638	2 176 577	5 978 840
河南	HENAN	851 948	3 854 832	1 143 254	1 998 287
湖北	HUBEI	850 582	2 877 517	875 130	1 398 132
湖南	HUNAN	869 886	3 791 199	1 581 029	4 854 406
广东	GUANGDONG	7 498 252	18 262 153	14 490 883	13 256 069
广西	GUANGXI	840 243	2 232 424	2 029 006	4 261 762
海南	HAINAN	239 039	947 622	1 237 052	4 998 338
重庆	CHONGQING	823 617	2 287 325	2 055 701	3 099 828
四川	SICHUAN	1 204 386	5 230 463	2 235 393	7 976 356
贵州	GUIZHOU	154 000	614 066	196 872	538 673
云南	YUNNAN	702 698	2 372 968	2 849 945	7 410 655
西藏	TIBET	2 204	8 782	33 303	164 675
陕西	SHAANXI	344 827	2 483 893	471 732	1 190 099
甘肃	GANSU	140 799	714 474	264 690	591 048
青海	QINGHAI	23 612	170 092	244 545	302 372
宁夏	NINGXIA	46 717	265 519	99 671	209 195
新疆	XINJIANG	161 522	517 189	312 584	954 285

7－4 2003年旅行社主要经济指标(按地区分)

MAJOR STATISTICS OF TRAVEL AGENCIES BY LOCALITY 2003

单位:万元

UNIT:10000 RMB¥

地 区 LOCALITY	营业收入 TOTAL REVENUE	上缴税金 TAX	资产总额 FIXED ASSETS
总 计 TOTAL	**6 527 870.88**	**66 563.33**	**3 878 587.70**
北 京 BEIJING	1 175 649.68	31 174.22	861 042.58
天 津 TIANJIN	87 774.57	359.41	47 786.45
河 北 HEBEI	64 772.12	213.03	37 309.90
山 西 SHANXI	69 186.80	292.94	40 171.17
内蒙古 INNER MONGOLIA	22 637.44	273.71	22 434.27
辽 宁 LIAONING	176 455.94	1 166.52	114 215.32
吉 林 JILIN	30 039.14	186.99	90 881.92
黑龙江 HEILONGJIANG	85 621.38	1 353.63	45 042.09
上 海 SHANGHAI	639 604.55	4 863.13	279 326.00
江 苏 JIANGSU	516 541.86	1 945.61	205 006.73
浙 江 ZHEJIANG	418 795.68	2 168.02	176 684.61
安 徽 ANHUI	78 560.33	319.15	55 127.55
福 建 FUJIAN	244 640.47	1 750.73	198 457.92
江 西 JIANGXI	109 449.94	963.53	52 555.20
山 东 SHANDONG	201 443.18	1 688.80	129 287.96
河 南 HENAN	90 360.78	380.63	70 201.36
湖 北 HUBEI	106 340.21	702.85	121 971.78
湖 南 HUNAN	142 829.94	399.91	39 285.20
广 东 GUANGDONG	1 091 773.02	9 109.17	629 196.77
广 西 GUANGXI	156 722.89	1 395.18	77 374.55
海 南 HAINAN	253 174.17	1 002.62	83 800.31
重 庆 CHONGQING	106 011.81	906.20	98 736.35
四 川 SICHUAN	170 709.04	699.12	115 389.21
贵 州 GUIZHOU	34 626.81	95.04	17 942.32
云 南 YUNNAN	228 725.09	1 338.84	96 040.41
西 藏 TIBET	22 397.29	196.28	19 631.35
陕 西 SHAANXI	86 122.74	762.05	61 089.92
甘 肃 GANSU	29 339.06	128.78	37 135.48
青 海 QINGHAI	9 400.46	43.95	9 269.00
宁 夏 NINGXIA	16 937.65	40.48	6 818.90
新 疆 XINJIANG	61 226.84	642.82	39 375.13

八、旅游企事业单位基本情况

8. STATISTICS OF TOURISM ENTERPRISES

8-1 2003年旅游业从业人员基本情况
BREAKDOWN OF TOURISM EMPLOYEES 2003

单 位:人
UNIT:PERSON

地 方 LOCALITY		合 计 TOTAL	旅游住宿设施小计 SUB-TOTAL	星级饭店 STAR-RATED HOTEL	社会旅馆 COMMUN-ITY OWNED	个体旅馆 PRIVATE-OWNED	旅行社 TRAVEL AGENCY	其 他 OTHERS
			ACCOMMODATION ESTABLISHMENTS					
总 计	**TOTAL**	**6 487 420**	**5 414 306**	**1 350 581**	**3 369 673**	**694 052**	**249 802**	**823 312**
北 京	BEIJING	345 503	283 221	125 629	151 861	5 731	15 999	46 283
天 津	TIANJIN	60 546	55 276	14 020	39 457	1 798	5 270	—
河 北	HEBEI	226 921	204 637	42 999	132 248	29 390	7 658	14 626
山 西	SHANXI	178 915	159 518	34 322	118 758	6 438	6 701	12 696
内蒙古	INNER MONGOLIA	81 383	75 037	14 699	46 412	13 926	2 625	3 721
辽 宁	LIAONING	211 839	165 774	50 833	102 472	12 469	8 763	37 302
吉 林	JILIN	94 453	90 262	24 837	54 994	10 431	3 211	980
黑龙江	HEILONGJIANG	138 653	130 703	24 764	73 535	32 404	4 839	3 111
上 海	SHANGHAI	188 839	147 889	75 527	68 446	3 916	17 285	23 665
江 苏	JIANGSU	418 891	388 656	85 005	269 803	33 848	15 702	14 533
浙 江	ZHEJIANG	411 985	351 558	101 297	174 982	75 279	14 556	45 871
安 徽	ANHUI	202 846	185 911	36 758	103 677	45 476	6 404	10 531
福 建	FUJIAN	186 256	172 444	41 209	118 583	12 652	9 598	4 214
江 西	JIANGXI	124 389	117 546	19 987	73 589	23 970	4 970	1 873
山 东	SHANDONG	370 798	308 750	75 606	186 347	46 797	14 516	47 532
河 南	HENAN	347 049	326 838	47 329	255 687	23 823	8 727	11 484
湖 北	HUBEI	302 033	260 318	54 852	156 681	48 785	9 904	31 811
湖 南	HUNAN	223 801	211 742	33 599	126 630	51 513	9 213	2 846
广 东	GUANGDONG	829 017	391 613	154 995	212 834	23 783	27 796	409 608
广 西	GUANGXI	176 869	153 551	41 350	90 224	21 977	8 635	14 683
海 南	HAINAN	82 923	75 929	25 436	45 538	4 955	3 923	3 071
重 庆	CHONGQING	108 929	102 590	26 065	59 914	16 611	4 252	2 087
四 川	SICHUAN	341 098	275 249	48 800	179 676	46 773	9 765	56 084
贵 州	GUIZHOU	97 386	88 610	13 955	53 087	21 568	2 532	6 244
云 南	YUNNAN	251 521	237 318	50 915	154 741	31 662	10 872	3 331
西 藏	TIBET	10 458	9 643	9 643	—	—	815	—
陕 西	SHAANXI	236 999	222 360	19 243	187 541	15 576	6 286	8 353
甘 肃	GANSU	91 937	86 145	18 800	51 398	15 947	3 305	2 487
青 海	QINGHAI	30 726	29 243	5 159	19 655	4 429	1 216	267
宁 夏	NINGXIA	21 350	19 346	4 891	13 094	1 362	771	1 233
新 疆	XINJIANG	93 107	86 629	28 057	47 809	10 764	3 693	2 785

资料来源:国家旅游局,国家统计局
SOURCE:NATIONAL TOURISM ADMINISTRATION OF CHINA, STATE STATISTICAL BUREAU

8－2　2003年全国旅游院校基本情况

MAJOR STATISTICS OF TOURISM SCHOOLS & COLLEGES 2003

地　区 LOCALITY	旅游院校数（所） NUMBER OF TOURISM SCHOOLS AND COLLEGES			旅游院校学生数（人） NUMBER OF STUDENTS AT TOURISM SCHOOLS AND COLLEGES		
	总　计 TOTAL	*高等院校 INSTITUTES OF HIGHER EDUCATION	**中等职业学校 SECONDARY VOCATIONAL SCHOOLS	总　计 TOTAL	*高等院校 INSTITUTES OF HIGHER EDUCATION	**中等职业学校 SECONDARY VOCATIONAL SCHOOLS
总　计 TOTAL	**1 207**	**494**	**713**	**459 004**	**199 682**	**259 322**
北　京 BEIJING	105	9	96	57 955	6 865	51 090
天　津 TIANJIN	14	4	10	5 436	3 369	2 067
河　北 HEIBEI	53	28	25	11 440	6 664	4 776
山　西 SHANXI	21	9	12	9 040	3 792	5 248
内蒙古 INNER MONGOLIA	3	2	1	540	320	220
辽　宁 LIAONING	59	21	38	28 044	6 606	21 438
吉　林 JILIN	20	11	9	5 593	3 129	2 464
黑龙江 HEILONGJIANG	51	35	16	11 939	6 762	5 177
上　海 SHANGHAI	48	24	24	20 492	8 322	12 170
江　苏 JIANGSU	93	45	48	24 476	16 513	7 963
浙　江 ZHEJIANG	13	8	5	8 039	3 693	4 346
安　徽 ANHUI	63	22	41	12 554	4 325	8 229
福　建 FUJIAN	68	23	45	13 337	6 678	6 659
江　西 JIANGXI	43	13	29	11 720	4 414	7 306
山　东 SHANDONG	65	37	28	26 137	10 190	15 227
河　南 HENAN	61	19	42	27 681	6 189	21 492
湖　北 HUBEI	41	24	17	20 453	11 282	9 171
湖　南 HUNAN	66	21	45	14 654	6 958	7 696
广　东 GUANGDONG	53	20	33	33 920	16 094	17 826
广　西 GUANGXI	25	12	13	13 378	8 571	4 807
海　南 HAINAN	15	6	9	11 156	5 073	6 083
四　川 SICHUAN	35	10	25	27 826	18 150	9 676
重　庆 CHONGQING	76	25	51	32 845	17 055	15 790
贵　州 GUIZHOU	27	17	10	4 848	2 145	2 703
云　南 YUNNAN	37	17	20	11 287	6 527	4 760
西　藏 TIBET	2	2	0	718	718	0
陕　西 SHAANXI	19	10	9	8 288	5 085	3 203
甘　肃 GANSU	5	1	4	2 121	1 443	678
青　海 QINGHAI	6	4	2	752	480	272
宁　夏 NINGXIA	8	3	5	1 015	555	460
新　疆 XINJIANG	13	12	1	1 320	995	325

注：*　高等院校指旅游高等院校及开设旅游系（专业）的普通高等院校和成人高等院校。

**　中等职业学校指旅游中等专业学校、旅游职业高中及开设旅游专业的其它中等专业学校、职业高中和技校。

NOTES: *　TOURISM INSTITUTES: TOURISM COLLEGES AND ORDINARY INSTITUTES OF HIGHER EDUCATION WITH TOURISM DEPARTMENTS.

**　SECONDARY VOCATIONAL SCHOOLS: SECONDARY TOURISM PROFESSIONAL SCHOOLS, VOCATIONAL TOURISM HIGH SCHOOLS, TOURISM CLASSES AT OTHER SECONDARY PROFESSIONAL SCHOOL, VOCATIONAL HIGH SCHOOL AND TECHNIC SCHOOL.

附　　录

APPENDIX

旅游统计基本概念和主要指标解释

1. **游客：** 指任何为休闲、娱乐、观光、度假、探亲访友、就医疗养、购物、参加会议或从事经济、文化、体育、宗教活动，离开常住国（或常住地）到其他国家（或地方），其连续停留时间不超过12个月，并且在其他国家（或其他地方）的主要目的不是通过所从事的活动获取报酬的人。

游客不包括因工作或学习在两地有规律往返的人。

游客按出游地分为国际游客（即入境游客）和国内游客。按出游时间分为旅游者（过夜游客）和一日游游客（不过夜游客）。

2. **常住国：** 指一个人在近一年的大部分时间所居住的国家（或地区）或在这个国家（或地区）只居住了较短的时间，但在12个月内仍将返回的这个国家（或地区）。

3. **常住地：** 指一个常住国的居民，在近一年的大部分时间所居住的城镇或在这个城镇只居住了较短的时期，但在12个月内仍将返回的这个城镇。判定一个游客是国际游客还是国内游客不是根据这个游客的国籍而是根据他的常住国或常住地而定。

4. **入境旅游人数：** 指报告期内来我国观光、度假、探亲访友、就医疗养、购物、参加会议或从事经济、文化、体育、宗教活动的外国人、港澳台同胞等入境游客。统计时，外国人、港澳台同胞每入境一次统计1人次，即入境旅游人数。

入境旅游人数包括入境（过夜）旅游者和入境一日游游客。

5. **入境（过夜）旅游者：** 指入境游客中，在我国旅游住宿设施内至少停留一夜的外国人、华侨、港澳台同胞。

入境（过夜）旅游者不包括下列人员：① 应邀来华访问的政府部长以上官员及其随行人员；② 外国驻华使领馆官员、外交人员以及随行的家庭服务人员和受赡养者；③ 常驻我国一年以上的外国专家、留学生、记者、商务机构人员等；④ 乘坐国际航班过境不需要通过护照检查进入我国口岸的中转旅客；⑤ 边境地区往来的边民；⑥ 回内地（大陆）定居的港澳台同胞；⑦ 已在我国定居的外国人和原已出境又返回在我国定居的外国侨民；⑧ 归国的我国出国人员。

6. **入境一日游游客：** 指入境游客中，未在我国旅游住宿设施内过夜的外国人、华侨、港澳台同胞。入境一日游游客应包括乘坐游船、游艇、火车、汽车来华旅游，在车（船）上过夜的游客和机、车、船上乘务人员，但不包括在境外（内）居住而在境内（外）工作，当天往返的港澳同胞和周边国家的边民。

7. **国内游客：** 指报告期内在国内观光游览、度假、探亲访友、就医疗养、参加会议或从事经济、文化、体育、宗教活动的本国居民，其出游的目的不是通过所从事的活动谋取报酬。统计时，国内游客按每出游一次统计 1 人次。国内游客包括国内(过夜)旅游者和国内一日游游客。

8. **国内(过夜)旅游者：** 指国内居民离开惯常居住地在境内其他地方的旅游住宿设施内至少停留一夜，最长不超过 12 个月的国内游客。国内旅游者应包括在我国境内常住一年以上的外国人、港澳台同胞。但不包括到各地巡视工作的部级以上领导、驻外地办事机构的临时工作人员、调遣的武装人员、到外地学习的学生、到基层锻炼的干部、到境内其他地区定居的人员和无固定居住地的无业游民。

9. **国内一日游游客：** 指国内居民离开惯常居住地 10 公里以上，出游时间超过 6 小时，不足 24 小时，并未在境内其他地方的旅游住宿设施过夜的国内游客。

10. **国籍：** 是指给游客颁发护照(或其他身份文件)的政府所在的国家。

11. **外国人：** 指属外国国籍的人，加入外国国籍的中国血统华人也计入外国人。

12. **港澳台同胞：** 指居住在我国香港特别行政区、澳门特别行政区和台湾省的中国同胞。

13. **职业：** 旅游者在本次旅游前所从事的职业。

14. **出境游客(出境旅游人数)：** 指我国(大陆)公民因公或因私出境前往其他国家或地区观光、度假、探亲访友、就医疗养、购物、参加会议或从事经济、文化、体育、宗教活动的人数(即出境游客)。统计时，出境游客按每出境一次统计 1 人次。出境游客包括出境(过夜)旅游者和出境一日游游客。

15. **出境(过夜)旅游者：** 指我国大陆居民出境旅游，并在境外其他国家或地区的旅游住宿设施至少停留一夜的游客。

16. **出境一日游游客：** 指我国大陆居民出境旅游，在境外停留时间不超过 24 小时，并未在境外其他国家或地区的旅游住宿设施内过夜的游客。

17. **旅游收入：** 游客(入境游客和国内游客)在旅游过程中(由游客或游客的代表为游客)支付的一切旅游支出就是国家(省、区、市)的旅游收入。游客的旅游支出应包括(过夜)旅游者和一日游游客在整个游程中行、游、住、食、购、娱，以及为亲友、家人购买纪念品、礼品等方面的旅游支出，不包括为商业目的的购物、购买房、地、车、船等资本性或交易性的投资、馈赠亲友的现金及给公共机构的捐赠。旅游收入包括国际旅游(外汇)收入和国内旅游收入。

18. **国际旅游(外汇)收入：** 入境旅游者在中国(大陆)境内旅行、游览过程中用于交通、参观游览、住宿、餐饮、购物、娱乐等全部花费。

19. **国内旅游收入：** 指国内旅游者在国内旅行、游览过程中用于交通、参观游览、住宿、餐饮、购物、娱乐等全部花费。

20. **团体入境游客(简称“团队”)：** 指参加旅游团(通常采用综合包价、小包价、国际会议、海洋游船、应邀来访及临时组织的旅游团等形式)来中国大陆旅游的入境旅游者及入境一日游游客。

21. **提供单项服务人数：** 指未参加旅游团来中国大陆旅游或仅由旅行社办理委托手续(包括接送、预订饭店、订机(车、船)票、导游等服务项目)，并按零星价格承办而不参加旅行团的入境旅游者及入境一日游游客。

22. **旅行社外联入境游客人数：** 指报告期内旅行社自组外联的入境游客人数，反映旅行社对外招徕的能力。旅行社按以下要求统计外联人数：①国际游客入境后不论其停留时间多少、旅游线路长短，只统计一次；②旅行社只统计本社自主外联团的实到人数，非本社外联，仅由本社接受委托办理签证的人数不包括在内。

23. **旅行社接待入境游客人数：** 指报告期内旅行社实际接待的团队及零散入境旅游者和入境一日游游客人数，以反映旅行社的接待工作量。旅行社接待入境游客的人数，既包括本社外联并接待的团队游客，也包括接受其他旅行社委托接待的团队游客。

24. **旅行社外联入境旅游者人天数：** 指报告期内旅行社外联的每个入境旅游者在境内实际停留的天数之和。仅委托办理有关手续或提供单项服务的零散入境游客不计算人天。外联一日游游客超过 6 小时的按 1 人天统计。

25. **旅行社接待入境旅游者人天数：** 指报告期内旅行社接待的每个入境旅游者在本省、市实际停留的天数之和。仅委托办理有关手续或提供单项服务的零散入境游客不计算人天。

26. **国内旅游组团人数(人天数)：** 指报告期内旅行社招徕组织国内团队游客人数(人天数)。组团人数包括国内旅游者人数和国内一日游游客人数。

27. **国内旅游接待人数(人天数)：** 指报告期内旅行社接待国内团队游客人数 (人天数)。接待人数(人天数)包括本社组团本社接待和外社组团本社接待的国内游客人数(人天数)。

28. **旅游住宿设施(旅馆业)：** 指任何定期(或临时)为旅游者提供住宿条件的设施。旅游住宿设施包括星级饭店、宾馆、公寓、旅店、招待所、江河及海洋游船、培训中心、疗养院、度假村、假日营地、私人寓所、家庭住宅的出租客房及亲友提供的免费住宿设施等。

29. **星级饭店：** 指已评定星级的饭店。

30. **星级饭店接待人数(人天数)：** 指报告期内旅游者在星级饭店住宿的人数(人天数)。不论其住宿夜数多少，每接待一位旅游者只统计一次人数；一个旅游者住宿几夜，相应计算几个人天数。

31. **客房出租率：** 指报告期内客房实际出租间天数除以报告期内客房可出

租间天数的百分数。其计算公式为：

$$客房出租率(\%)=\frac{\sum 客房实际出租间天数(间天)}{\sum 客房核定出租间天数(间天)}\times 100$$

32. 客房实际平均价格： 指报告期内旅游饭店(宾馆)、公寓、涉外游船实际出租客房、公寓的平均价格。其计算公式为：

客房实际平均价格(元 /间天) = 客房收入(元) /客房实际出租间天数(间天)

33. 营业收入： 指企业各项经营业务的收入。饭店(宾馆)、写字楼、公寓、旅店的营业收入(总额)，包括客房收入、餐饮收入、商品部收入、车队收入、其他收入等；旅行社的营业收入(总额)，包括综合服务收入、组团外联收入、零星服务收入、劳务收入、票务收入、旅游及加项收入、其他收入等；酒楼、餐馆等饮食企业的营业收入包括餐费收入、冷热饮收入、服务收入、其他收入等；从事咨询服务的咨询公司的服务收入，也计入本科目。

旅行社(不论是组团社还是接团社)组织境外旅游者到国内旅游，应以旅行团队离境(或离开本地)时确认营业收入实现；旅行社组织国内旅游者到境外旅游，应以旅行团旅行结束返回时确认营业收入实现；旅行社组织国内旅游者在国内旅游，也应以旅行团旅行结束返回时确认营业收入实现。

旅行社、旅游饭店营业收入不包括本单位直属其他独立核算企业的营业收入。

34. 营业税金及附加(即业务税金及附加)： 指企业与营业收入有关的，应由各项经营业务负担的税金及附加，包括营业税、城市维护建设税及教育费附加等。饭店(宾馆)、公寓、旅店、酒楼、餐馆等企业应按营业收入的一定比例计算缴纳营业税；旅行社应按营业收入净额(营业收入总额扣除代收代付的房费、餐费、交通费等费用)计算缴纳营业税。

35. 经营利润： 指企业经营取得的收入，也可理解是一种毛利润，经营利润等于营业收入减去营业成本、营业费用、营业税金及附加。

36. 营业利润：是利润总额的主要组成部分。指企业经营利润减去管理费用、财务费用后的差额。

37. 利润总额： 指企业在一定时期内实现的盈亏总额，反映企业最终的财务成果。计算公式为：

利润总额 = 营业利润 + 补贴收入 + 投资收益 + 营业外收入 - 营业外支出

该指标如小于零，表示亏损。

38. 固定资产原价： 指企业在建造、购置、安装、改建、扩建、技术改造某项固定资产时所支出的全部货币总额。

39. 固定资产净值： 指企业固定资产原价扣除累计折旧后的余额。

40. 年末从业人员： 指年度末由企业支付工资的各类职工(包括正式职工、合同制职工、临时工、计划外用工等)的人数。

41. 企业登记注册类型： 以企业在工商部门登记注册时的企业类型为依

据，按国家统计局与国家工商行政管理局联合制定的《关于划分企业登记注册类型的规定》分为：内资企业、港澳台商投资企业、外商投资企业。内资企业包括：国有企业、集体企业、股份合作企业、有限责任公司、股份有限公司、私营企业和其他企业。港澳台商投资企业包括：合资经营企业、合作经营企业、港澳台商独资企业和港澳台商投资股份有限公司。外商投资企业包括：中外合资经营企业、中外合作经营企业、外资（独资）企业、外商投资股份有限公司。

42. **旅游高等院校：** 指国家承认学历、开设旅游学院（系、专业）的普通高等院校和成人高等院校。

43. **旅游中等职业学校：** 指国家承认学历的旅游中等专业学校、旅游职业中学（高中）及开设旅游专业班的技校和普通中学。

TECHNICAL NOTES

1. **Visitor** – refers to any person who travels to a country (or place) other than that of his or her residence for a period not exceeding 12 months for leisure, entertainment, sightseeing, holiday, visiting relatives or friends, medical care, shopping, meeting, or taking part in economic, cultural, sports or religious activities, where the main purpose of the travel is not for remuneration.

A visitor does not refer to any person who commutes between two places regularly for career or education.

According to the origin of the travel, visitors are classified as international visitors (i.e., inbound visitors) and domestic visitors. According to the length of stay, visitors are classified as tourists (i. e., overnight visitors) and same – day visitors (non – overnight visitors).

2. **Country of Residence** – refers to the country (or region) where a person resides for most of the time over the past year, or for a short period of time but then the person returns within 12 months.

3. **Place of Residence** – refers to the city (or town) where a person resides for most of the time over the past year, or for a short period of time but the person returns within 12 month. The criterion to classify whether a visitor is an international visitor or a domestic visitor is not the person's citizenship, but his or her country of residence or place of residence.

4. **International Visitors** (**Inbound Visitor Arrivals**) – refer to foreigners or compatriots from Hong Kong, Macao and Taiwan who come to China within the reporting time frame for sightseeing, holiday, visiting friends and relatives, medical care, shopping, meeting, or taking part in economic, cultural, sports or religious activities. Each time of entry is recorded as one time of arrival, and the total sum makes up the inbound visitor arrivals.

Inbound visitor arrivals (international visitors) include inbound (overnight) tourists and inbound same – day visitors.

5. **Inbound** (**overnight**) **tourists** – refer to those inbound visitors who stay at least for one night at tourist accommodation establishments in China.

Inbound (overnight) tourists do not include following persons:

(1) Officials of ministerial level or above and their aids and escorts who come to

visit China at the invitation of Chinese;

(2) Officials and diplomats of foreign diplomatic missions to China, including their household service people and dependents;

(3) Foreign experts, students, journalists, trade representatives who stay in China over one year;

(4) Transit passengers of international flights without going through Chinese frontier checks;

(5) Border residents;

(6) Compatriots from Hong Kong, Macao and Taiwan who reside in the mainland permanently;

(7) Foreigners who has already become residents in the country or who left the country but has returned to reside in the country;

(8) Chinese nationals who return from foreign countries.

6. **Inbound Same - day Visitors** - refer to those inbound visitors who do not stay overnight in the tourist accommodation establishments. They include visitors, drivers, crewmembers who stay overnight on board of cruise ships, yachts, trains or motor vehicles, but they do not include those compatriots from Hong Kong, Macao and Taiwan and those residents of the bordering countries who reside outside (inside) while work inside (outside) China.

7. **Domestic Visitors** - refer to Chinese nationals who travel within the country within the reporting time frame for sightseeing, holiday, visiting friends and relatives, medical care, meeting, or taking part in economic, cultural, sports or religious activities. Their purposes of travel are not for remuneration from the activities afore mentioned. Each time of their travel is recorded as one person time. Domestic visitors include domestic (overnight) tourists and domestic same - day visitors.

8. **Domestic Tourist** - refers to any residents of the country who leaves his or her usual place of residence and travels to another place within the country and stay at least one night but not exceeding 12 months at the tourist accommodation establishments, where the main purpose of the travel is not for remuneration. Domestic tourists should include those foreigners and compatriots from Hong Kong, Macao and Taiwan who reside in the country over one year; They do not include officials at the ministerial level and above on inspection trips, temporary staff members in the offices in other cities, military staff mobilized to other areas, students studying in other places of the country, government employees on field training, people who travel to another place to reside, and people without fixed residence.

9. **Domestic Same - day Visitor** - refers to a resident of the country who leaves his or her usual place of residence over 10 kilometers away for over 6 hours but less than 24 hours and does not stay overnight in the tourist accommodation establishments in other places.

10. **Citizenship** – refers to the country where the government issues the passport (or other identification documents) to a visitor.

11. **Foreigners** – refer to persons with foreign citizenship, including Chinese descents who have acquired foreign citizenship.

12. **Compatriots of Hong Kong, Macao and Taiwan** – refer to the Chinese compatriots who reside in Hong Kong Special Administrative Region, Macao Special Administrative Region and Taiwan province.

13. **Occupation** – refers to the occupation a visitor holds before the trip.

14. **Outbound Visitor (outbound departure)** – refers to a Chinese (mainland) citizen who departs from China to a foreign country (or region) for leisure, entertainment, sightseeing, holiday, visiting relatives or friends, medical care, shopping, meeting, or taking part in economic, cultural, sports or religious activities. Each time of departure is recorded as one person time. Outbound visitors include outbound (overnight) tourists and outbound same – day visitors.

15. **Outbound Tourist** – refers to a resident of the mainland who departs the country for travel and stays at least one night at the tourist accommodation establishments in another country or region.

16. **Outbound Same – day Visitor** – refers to a resident of the mainland China who makes an outbound travel for less than 24 hours and does not stay overnight in the tourist accommodation establishments in the country or region.

17. **Tourism Receipts** – all the expenditures made by visitors (inbound visitors and domestic visitors) or by representatives of the visitors in the course of their travel constitutc the tourism receipts of a country (province, region, city). Tourism expenditures of visitors should include expenses made by (overnight) tourists and same – day visitors throughout their travel on transport, tours, lodging, food, shopping, entertainment, and souvenirs and gifts for friends and relatives. Tourism expenditures do not include purchases of goods, real estate, house, motor vehicle, water vessel for commercial purposes, neither include capital nor transactional investments, cash given to friends and relatives, donations to public organizations. Tourism receipts include international tourism (foreign exchange) receipts and domestic tourism receipts.

18. **International Tourism (foreign exchange) Receipts** – refer to the total expenditure made by inbound tourists within the territory of China (the mainland) in their course of travel on transport, tours and sightseeing, lodging, food and beverage, shopping, entertainment and etc.

19. **Domestic Tourism Receipts** – refer to the total expenditure made by domestic tourists within the territory of China (the mainland) in their course of travel on transport, tours and sightseeing, lodging, food and beverage, shopping, entertainment and etc.

20. **Group Inbound Visitors ("Groups" for short)** – refer to inbound tourists and

same – day visitors who travel to the mainland China as groups (usually the groups are in the form of all – inclusive packages, small packages, international conferences, cruise liners, invited groups and temporarily organized tourist groups).

21. **Number of Visitors Requiring Individual Services** – refer to inbound tourists and inbound same – day visitors who do not join in tour groups but entrust travel agents to handle travel procedures (including pick – up and seeing – off, hotel booking, ticket reservation, guide service etc). The service charges are based on those for walk – in customers.

22. **Number of Inbound Visitors Liaised by Travel Agencies** – refers to the number of inbound visitors liaised by any travel agency within the reporting time frame. It reflects the sales abilities of travel agencies. Travel agencies are required to record the number of inbound visitors according to: (1) Upon arrival, the entry of international visitors is recorded only once no matter how long they will stay and how long their itineraries are; (2) Travel agencies record only the actual arrival number of visitors liaised by the travel agencies concerned, excluding the number of visitors liaised by other travel agencies but whose visas are processed by the travel agencies concerned.

23. **Number of Inbound Visitors Received by Travel Agencies** – refers to the number of group and independent inbound tourists and inbound same – day visitors actually received by the travel agencies concerned within the reporting time frame. This indicator reflects the work load of travel agencies. It includes not only group visitors liaised and received by the travel agencies concerned but also group visitors entrusted by other travel agencies.

24. **Number of Days of Inbound Tourists Liaised by Travel Agencies** – refers to the sum of the days of actual stay of each inbound tourist liaised by travel agencies concerned in a given area within the reporting time frame.

25. **Number of Days of Inbound Tourists Received by Travel Agencies** – refers to the sum of the days of actual stay of each inbound tourist received by travel agencies concerned in a given area within the reporting time frame.

26. **Number of Domestic Group Visitors (Days)** – refer to the number of domestic group visitors (days) liaised by travel agencies within the reporting time frame. They include domestic group tourists (days) and domestic group same – day visitors (days).

27. **Number of Domestic Visitors (Days) Received by Travel Agencies** – refer to the number of domestic group visitors (days) received by travel agencies within the reporting time frame. They include domestic visitors organized and received by the travel agencies concerned and domestic visitors organized by other travel agencies but received by the travel agencies concerned.

28. **Tourist Accommodation Establishments (Hotel Industry)** – refer to all kinds of establishments that can accommodate tourists regularly or temporarily. They include star-rated hotels, apartments, inns, guesthouses, cruise ships and boats, training cen-

ters, sanatoriums, holiday resorts, campsites, private dwellings, family rental rooms and lodging facilities provided by relatives and friends.

29. **Star-Rated Hotels** – refer to accommodation establishments which are star – rated.

30. **Number of Tourists (Nights) Received at star-Rated hotels** – refers to the number of tourists (nights) received at Star-Rated hotels within the reporting time frame. No matter how many nights a tourist stays, each tourist is recorded only once. The number of nights a tourist stays at a hotel equals the number of tourist nights.

31. **Room Occupancy Rate** – refers to the number of rooms (nights) actually sold divided by the number of rooms (nights) available within the reporting time frame. The formula is as follows:

$$\text{Room Occupancy Rate (\%)} = \frac{\text{Number of Rooms (Nights) Actually Sold}}{\text{Number of Rooms (nights) available}} \times 100\%$$

32. **Actual Average Room Rate** – refers to the actual average price of rooms of tourist hotels, apartments and cruise ships. The formula goes:

Actual average room rate (Yuan/Room Day) = Room sales (Yuan) / Actual number of rooms sold days.

33. **Business Income** – incomes from business operations of an enterprise. Business income of hotels, office buildings, apartments and inns includes sales from rooms, catering, shopping, transport services and other incomes; Business income of travel agencies includes inclusive service charges, handling charges from organizing groups, odd services, labor service, ticketing service, tours and extra service charges, and other incomes; Business incomes of restaurants includes food and beverage sales, service charges, and other incomes; Incomes of consulting services provided by consultant firms are also recorded under this item.

For travel agencies (organizing companies and reception companies) handling inbound tourists, only the realized business incomes upon the departure of the tourist groups from the country (or local area) should be recorded as their business incomes; For travel agencies handling outbound tourists, only the actual realized incomes upon returning of the tourist groups should be recorded as their business income; For travel agencies handling domestic tourists, only the actual realized incomes upon returning of the tourist groups should be recorded as their business income. The business income of the travel agencies or hotels does not include that of their subsidiary enterprises which have independent accounting.

34. **Business Tax and Additional Levies** – refer to taxes and additional levies related to enterprises' business income, including business tax, urban maintenance and construction tax, and additional education levies. Business tax of hotels, apartments, restaurants should be paid based on a certain percentage of the business income; Business tax of travel agencies should be paid based on a certain percentage of net income.

35. **Operational Revenue** – refers to incomes gained from business operations. It can be understood as one type of gross profit. Operational revenue equals to business income minus business cost, business expenses, business tax and additional levies.

36. **Business Revenue** – is the main body of the gross profit. It refers to operational revenue minus management fees, accounting fees.

37. **Gross Profit** – refers to the balance of total profits and losses within a given period. This indicator reflects the final accounting result. The formula is: Gross profit = business revenue + subsidies income + investment returns + incomes from outside business activities – expenditures outside business activities. If this indicator is small than zero, it stands for loss.

38. **Original Value of Fixed Assets** – refer to the total cash value of the fixed assets of an enterprise when they are set up, purchased, installed, renovated, expanded or technically upgraded.

39. **Net Value of Fixed Assets** – refers to the balance of the original value of fixed assets and accumulated depreciation.

40. **Employment at the End of the Year** – refers to the total number of employees on the payroll at the end of the year. The employees include formal, contract, temporary staff and recruits outside planned employment.

41. **Category of Enterprise at Registration** – According to the categories of enterprises at registration with industrial and commercial registration offices and basing on the "Regulation on Classifying Categories of Enterprises at Registration" formulated by National Statistics Bureau and National Industrial and Commercial Administration Bureau, enterprises are classified into following categories: domestic – invested Enterprises, enterprises with Investment from Hong Kong, Macao, or Taiwan, foreign – invested Enterprises. Domestic – invested enterprises include state – owned enterprises, collective – owned enterprises, share holding co – operative enterprises, limited liability enterprises, limited liability shares enterprises, private enterprises, and other categories of enterprises; Enterprises with investment from Hong Kong, Macao, or Taiwan include joint – venture enterprises, co – operative enterprises, fully – Hong Kong, Macao or Taiwan – invested enterprises, and limited liability shares enterprises with Hong Kong, Macao or Taiwan investment; Foreign invested enterprises include Sino – foreign joint – venture enterprises, Sino – foreign co – operative enterprises, fully foreign invested enterprises, limited liability shares enterprises with foreign investment.

42. **Higher Learning Institutions in Tourism** – refer to ordinary higher learning institutions or adult higher learning institutions which have tourism institutes or department or specialty and which grant state recognized educational certificates.

43. **Technical Schools in Tourism** – refer to tourism technical schools, or tourism professional middle (high) schools, or other technical schools or ordinary middle schools which offer tourism courses and grant state recognized educational certificates.

责任编辑：王　军
责任印制：李崇宝

图书在版编目（CIP）数据

中国旅游统计年鉴2004/国家旅游局编．—北京：中国旅游出版社，2004.10
ISBN 7-5032-2454-1

Ⅰ.中…　Ⅱ.国…　Ⅲ.旅游业-统计资料-中国-2004-年鉴-汉、英　Ⅳ.F592-66

中国版本图书馆CIP数据核字(2004)第106426号

书　　名：中国旅游统计年鉴2004

编　　著：中华人民共和国国家旅游局
出版发行：中国旅游出版社
(北京建国门内大街甲九号　100005)
网　　址：http://www.cttp.net.cn
E-mail:cttp@cnta.gov.cn
印　　刷：北京市1201印刷厂印刷
版　　次：2004年10月第1版
2004年10月第1次印刷
开　　本：787毫米×1092毫米　1/16
印　　张：11
字　　数：220千
定　　价：80.00元